中国著作権法第三次改正

中日対訳検討表

(2020年11月11日公布／2021年6月

本検討表は、中国著作権法2010年法と2020年法（2021年6月1日施行）の中日対訳表を比較対照できるように見開きで表示したものである。左頁が2010年法、右頁が2020年法である。太字波下線で表示した部分は、2010年改正の条文に対して修正、又は追加された部分。2010年から削除された部分は、2010年法に取り消し線で表示。条数は、2020年法、括弧内は2010年法の対応する条数（条数が同じ場合は括弧書きは無し）。なお、翻訳は、馬鉄弁護士協力の下、JETRO北京事務所の訳を参照して行った。

上原伸一

目次

<中国著作権法> ···· 4

第一章　総則 ···· 4

第二章　著作権

第一節　著作権者及びその権利 ···· 14

第二節　著作権の帰属 ···· 22

第三節　著作権の保護期間 ···· 36

第四節　権利制限 ···· 40

第三章　著作権の使用許諾及び譲渡契約 ···· 48

第四章　著作隣接権

第一節　図書及び新聞・定期刊行物の出版 ···· 54

第二節　実演 ···· 60

第三節　録音録画 ···· 66

第四節　ラジオ局・テレビ局の放送 ···· 70

第五章　著作権及び著作隣接権の保護 ···· 74

第六章　附則 ····102

<解説> ····108

<後書き> ····128

条	中文 2010 年著作権法	2010 年法日本語訳
第一章　　総則		
1 条	第一条 为保护文学、艺术和科学作品作者的著作权，以及与著作权有关的权益，鼓励有益于社会主义精神文明、物质文明建设的作品的创作和传播，促进社会主义文化和科学事业的发展与繁荣，根据宪法制定本法。	第一条　文学、芸術及び科学的著作物の著作者の著作権並びに著作権に隣接する権利・利益を保護し、社会主義における精神的文明と物質的文明の建設に有益な作品の創作と伝達を奨励し、更に社会主義文化及び科学事業の発展と繁栄を促すべく、憲法に基づき本法を制定する。
2 条	第二条 中国**公民**、法人或者**其他组织**的作品，不论是否发表，依照本法享有著作权。 外国人、无国籍人的作品根据其作者所属国或者经常居住地国同中国签订的协议或者共同参加的国际条约享有的著作权，受本法保护。	第二条　中国の**公民**、法人又は**その他の組織の**著作物は、発表の要否を問わず、本法により著作権を享有する。 外国人、無国籍人の著作物が、その著作者が属する国又は通常の居住国と中国との間に締結された協議により、又は共に加盟している国際条約により、著作権を享有する場合は、本法の保護を享受する。

中文 2020 年改正法	2020 年改正法日本語訳
第一条　为保护文学、艺术和科学作品作者的著作权，以及与著作权有关的权益，鼓励有益于社会主义精神文明、物质文明建设的作品的创作和传播，促进社会主义文化和科学事业的发展与繁荣，根据宪法制定本法。	第一条　文学、芸術及び科学的著作物の著作者の著作権並びに著作権に隣接する権利・利益を保護し、社会主義における精神的文明と物質的文明の建設に有益な作品の創作と伝達を奨励し、更に社会主義文化及び科学事業の発展と繁栄を促すべく、憲法に基づき本法を制定する。
第二条　中国**自然人**、法人或者**非法人组织**的作品，不论是否发表，依照本法享有著作权。 　外国人、无国籍人的作品根据其作者所属国或者经常居住地国同中国签订的协议或者共同参加的国际条约享有的著作权，受本法保护。	第二条　中国の**自然人**、法人又は**非法人組織**の著作物は、発表の要否を問わず、本法により著作権を享有する。 　外国人、無国籍人の著作物が、その著作者が属する国又は通常の居住国と中国との間に締結された協議により、又は共に加盟している国際条約により、著作権を享有する場合は、本法の保護を享受する。

条	中文 2010 年著作権法	2010 年法日本語訳
	外国人、无国籍人的作品首先在中国境内出版的，依照本法享有著作权。 未与中国签订协议或者共同参加国际条约的国家的作者以及无国籍人的作品首次在中国参加的国际条约的成员国出版的，或者在成员国和非成员国同时出版的，受本法保护。	外国人、無国籍人の著作物であり中国国内で最初に出版されたものは、本法により著作権を享有する。 中国と協議が締結されず、又は共に国際条約に非加盟の国家の著作者及び無国籍人の著作物が、中国が加盟している国際条約の加盟国において最初に出版されたとき、若しくは加盟国と非加盟国において同時に出版されたときは、本法における保護を享受する。
3 条	第三条 本法所称的作品，包括以下列形式创作的文学、艺术和自然科学、社会科学、工程技 术等作品: (一)文字作品; (二)口述作品; (三)音乐、戏剧、曲艺、舞蹈、杂技艺术作品; (四)美术、建筑作品;	第三条 本法にいう著作物には、次に掲げる形式により創作された文学的、美術的及び自然科学、社会科学、産業技術等の著作物を含む。 一、文藝の著作物 二、口述の著作物 三、音楽、演劇、演芸、舞踊、曲芸芸術の著作物 四、美術、建築の著作物

中文 2020 年改正法	2020 年改正法日本語訳
外国人、无国籍人的作品首先在中国境内出版的，依照本法享有著作权。 未与中国签订协议或者共同参加国际条约的国家的作者以及无国籍人的作品首次在中国参加的国际条约的成员国出版的，或者在成员国和非成员国同时出版的，受本法保护	外国人、無国籍人の著作物であり中国国内で最初に出版されたものは、本法により著作権を享有する。 中国と協議が締結されず、又は共に国際条約に非加盟の国家の著作者及び無国籍人の著作物が、中国が加盟している国際条約の加盟国において最初に出版されたとき、若しくは加盟国と非加盟国において同時に出版されたときは、本法における保護を享受する。
第三条　本法所称的作品，**是指文学、艺术和科学领域内具有独创性并能以一定形式表现的智力成果，包括**： （一）文字作品； （二）口述作品； （三）音乐、戏剧、曲艺、舞蹈、杂技艺术作品； （四）美术、建筑作品；	第三条 本法にいう著作物には、**文学、美術及び科学の分野であり、独創性を備え、かつ一定の形式で表現可能な知的成果物を指し、以下のものを含む。** 一、文藝の著作物 二、口述の著作物 三、音楽、演劇、演芸、舞踊、曲芸芸術の著作物 四、美術、建築の著作物

条	中文 2010 年著作権法	2010 年法日本語訳
	(五)摄影作品; (六) 电影作品和以类似摄制电影的方法创作的作品; (七)工程设计图、产品设计图、地图、示意图等图形作品和模型作品; (八)计算机软件; (九)法律、行政法规规定的其他作品。	五、写真の著作物 六、映画著作物及び映画製作に類似する方法により創作された著作物 七、建設・工事設計図、製品設計図、地図、説明図等の図形の著作物及び模型著作物 八、コンピュータソフトウェア 九、法律、行政法規に規定されるその他の著作物
4 条	第四条 著作权人行使著作权，不得违反宪法和法律，不得损害公共利益。国家对作品的出版、传播依法进行监督管理。	第四条　著作権を行使する著作権者は、憲法および法律に違反してはならず、公共の利益を害してはならない。国は、法律に基づき、著作物の出版、伝達に対して管理監督を行う。
5 条	第五条 本法不适用于: (一)法律、法规、国家机关的决议、决定、命令和其他具有立法、行政、司法性质的文件，及其官方正式译文;	第五条 本法は次に掲げるものに適用されない。 一、法律、法規及び国家機関の決議、決定、命令、その他立法、行政、司法的性質を有する文書、並びにそれら公文書の正式訳文

中文 2020 年改正法	2020 年改正法日本語訳
（五）摄影作品； （六）视听作品； （七）工程设计图、产品设计图、地图、示意图等图形作品和模型作品； （八）计算机软件； （九）符合作品特征的其他智力成果。	五、写真の著作物 六、視聴覚著作物 七、建設・工事設計図、製品設計図、地図、説明図等の図形の著作物及び模型著作物 八、コンピュータソフトウェア 九、著作物の特性を充たすその他の知的成果物
第四条 著作权人和与著作权有关的权利人行使权利，不得违反宪法和法律，不得损害公共利益。国家对作品的出版、传播依法进行监督管理。	第四条 権利を行使する著作権者および著作隣接権者は、憲法および法律に違反してはならず、公共の利益を害してはならない。国は、法律に基づき、著作物の出版と伝達に対して管理監督を行う。
第五条 本法不适用于： （一）法律、法规，国家机关的决议、决定、命令和其他具有立法、行政、司法性质的文件，及其官方正式译文；	第五条 本法は次に掲げるものに適用されない。 一、法律、法規及び国家機関の決議、決定、命令、その他立法、行政、司法的性質を有する文書、並びにそれら公文書の正式訳文

条	中文 2010 年著作権法	2010 年法日本語訳
	(二)；时事新闻； (三)历法、通用数表、通用表格和公式。	二、時事報道 三、暦法、汎用的数表、汎用的表及び公式
6 条	第六条 民间文学艺术作品的著作权保护办法由国务院另行规定。	第六条フォークロアの著作物にかかる著作権の保護方法は、国務院が別途規定する。
7 条	第七条 国务院著作权行政管理部门主管全国的著作权管理工作；各省、自治区、直辖市人民政府的著作权行政管理部门主管本行政区域的著作权管理工作。	第七条　国務院の著作権管理部門は、全国の著作権の管理業務を主管する。各省、自治区、直轄市の人民政府の著作権管理部門は、当該行政地域内の著作権管理業務を主管する。
8 条	第八条 著作权人和与著作权有关的权利人可以授权著作权集体管理组织行使著作权或者与著作权有关的权利。著作权集体管理组织被授权后,可以以自己的名义为著作权人和与著作权有关的权利人主张权利，并可以作为当事人	第八条　著作権者及び著作隣接権者は、著作権集中管理団体に授権して著作権又は著作隣接権を行使させることができる。著作権集中管理団体は授権された後に、自らの名義でもって著作権者と著作隣接権者のために権利を主張することができる。併せて著作権又は著作隣接権にかかる訴

中文 2020 年改正法	2020 年改正法日本語訳
(二)单纯事实消息; (三)历法、通用数表、通用表格和公式。	二、単純な事実の報道 三、暦法、汎用的数表、汎用的表及び公式
第六条 民间文学艺术作品的著作权保护办法由国务院另行规定。	第六条　フォークロアの著作物にかかる著作権の保護方法は、国務院が別途規定する。
第七条 国家著作权主管部门负责全国的著作权管理工作；县级以上地方主管著作权的部门负责本行政区域的著作权管理工作。	第七条　国家著作権主管部門は、全国の著作権の管理業務に責任を負う。郡以上の地方著作権主管部門は、当該行政地域内の著作権管理に責任を負う。
第八条 著作权人和与著作权有关的权利人可以授权著作权集体管理组织行使著作权或者与著作权有关的权利。依法设立的著作权集体管理组织是非营利法人，被授权后可以以自己的名义为著作权人和与著作权有关的权利人主张权利,	第八条　著作権者及び著作隣接権者は、著作権管理団体に授権して著作権又は著作権隣接権を行使させることができる。法により設立された著作権集中管理団体は非営利法人であり、授権された後に、自らの名義でもって著作権者と著作隣接権者のために権利を主張することができる。併せて著作権又は著作隣接権にかかる訴訟や仲

条	中文 2010 年著作権法	2010 年法日本語訳
	进行涉及著作权或者与著作权有关的权利的诉讼、仲裁活动。 著作权集体管理组织是非营利性组织，其设立方式、权利义务、著作权许可使用费的收取和分配，以及对其监督和管理等由国务院另行规定。	訟や仲裁活動に当事者として関与することができる 著作権集中管理団体は非営利組織であり、その設立形式・権利義務・著作権の許諾使用料の徴収、分配及びその監督管理等については国務院が別途規定する。

中文 2020 年改正法	2020 年改正法日本語訳
并可以作为当事人进行涉及著作权或者与著作权有关的权利的诉讼、仲裁调解活动。 著作权集体管理组织根据授权向使用者收取使用费。使用费收取标准由著作权集体管理组织和使用者代表协商确定,协商不成的,可以向国家著作权主管部门申请裁决、对裁决不服的，可以向人民法院提起诉讼；当事人也可以直接向人民法院提起诉讼。 著作权集体管理组织应当将使用费的收取和转付、管理费的提取和使用、使用费的未分配部分等总体情况定期向社会公布,并应当建立权利信息查询系统,供权利人和使用者查询。国家著作权主管部门应当依法对著作权集体管理组织	裁、調停活動に当事者として関与することができる 著作権集中管理団体は授権に基づき使用者から使用料を徴収する。料金徴収基準は、著作権集中管理団体と利用者代表による協議で決める。協議が不成立の場合には、国家著作権主管部門に裁決を申請することが出来、裁決に不満がある者は、人民法院に訴訟を提起することができる；また、当事者は直接人民法院に訴訟を起こすことが出来る。 著作権集中管理団体は、使用料の徴収と分配、管理手数料の取得と使用、使用料の未分配分等の全体的な状況を定期的に社会に公表し、権利者や利用者が検索できる権利情報検索システムを構築しなければならない。国家著作権主管部門は、法に従い著作権集中管理団体の監督と管理を行うものとする。

条	中文 2010 年著作権法	2010 年法日本語訳

第二章　　著作権

第二章　　著作権　　第一節　著作権者及びその権利

条	中文 2010 年著作権法	2010 年法日本語訳
9 条	第九条 著作权人包括: （一）作者; （二）其他依照本法享有著作权的公民、法人或者**其他组织**。	第九条 著作権者には、次に掲げる者が含まれる。 一、著作者 二、その他、本法により著作権を享有する公民、法人又は**その他の組織**
10 条	第十条 著作权包括下列人身权和财产权: (一)发表权,即决定作品是否公之于众的权利; (二)署名权,即表明作者身份,在作品上署名的权利;	第十条 著作権には、次に掲げる人格権と財産権が含まれる。 一、公表権、即ち著作物を公表するか否かを決定する権利 二、氏名表示権、即ち著作者であることを表明し、著作物上に氏名を表示する権利

中文 2020 年改正法	2020 年改正法日本語訳
进行监督、管理。 著作权集体管理组织的设立方式、权利义务、使用费的收取和分配, 以及对其监督和管理等由国务院另行规定。	著作権集中管理団体の設立形式・権利義務・使用料の徴収、分配及びその監督管理等については国務院が別途規定する。
第九条 著作权人包括: (一) 作者; (二) 其他依照本法享有著作权的自然人、法人或者非法人组织。	第九条　著作権者には、次に掲げる者が含まれる。 一、著作者 二、その他、本法により著作権を享有する自然人、法人又は非法人組織
第十条 著作权包括下列人身权和财产权: (一) 发表权, 即决定作品是否公之于众的权利; (二) 署名权, 即表明作者身份, 在作品上署名的权利;	第十条 著作権には、次に掲げる人格権と財産権が含まれる。 一、公表権、即ち著作物を公表するか否かを決定する権利 二、氏名表示権、即ち著作者であることを表明し、著作物上に氏名を表示する権利

条	中文 2010 年著作権法	2010 年法日本語訳
	(三)修改权,即修改或者授权他人修改作品的权利; (四)保护作品完整权,即保护作品不受歪曲、篡改的权利; (五)复制权,即以印刷、复印、拓印、录音、录像、翻录、翻拍等方式将作品制作一份或者多份的权利; (六)发行权,即以出售或者赠与方式向公众提供作品的原件或者复制件的权利; (七) 出租权，即有偿许可他人临时使用电影作品和以类似摄制电影的方法创作的作品、计算机软件的权利，计算机软件不是出租的主要标的的除外; (八)展览权,即公开陈列美术作品、摄影作品	三、改変権、即ち著作物を改変する、又は他人に著作物の改変を許諾する権利 四、同一性保持権、即ち著作物が歪曲、改纂されないよう保護する権利 五、複製権、即ち印刷・複写・拓本・録音・録画・ダビング・写真撮影等の方法によって作品を一部または複数部製作する権利 六、発行権、即ち販売又は贈与の方法で公衆に著作物の原作品又は複製物を提供する権利 七、貸与権、即ち有償で他人が映画著作物及び映画の撮影制作に類する方法により創作された著作物及びコンピュータソフトウェアを一時的に使用することを許諾する権利、ただし、貸出を主目的としないコンピュータソフトウェアを除く。

中文2020年改正法	2020年改正法日本語訳
(三)修改权,即修改或者授权他人修改作品的权利;	三、改変権、即ち著作物を改変する、又は他人に著作物の改変を許諾する権利
(四)保护作品完整权,即保护作品不受歪曲、篡改的权利;	四、同一性保持権、即ち著作物が歪曲、改纂されないよう保護する権利
(五)复制权,即以印刷、复印、拓印、录音、录像、翻录、翻拍、**数字化**等方式将作品制作一份或者多份的权利;	五、複製権、即ち印刷・複写・拓本・録音・録画・ダビング・写真撮影・**デジタル化等**の方法によって作品を一部または複数部製作する権利
(六)发行权,即以出售或者赠与方式向公众提供作品的原件或者复制件的权利;	六、発行権、即ち販売又は贈与の方法で公衆に著作物の原作品又は複製品を提供する権利
(七)出租权,即有偿许可他人临时使用**视听作品**、计算机软件的**原件或者复制件**的权利,计算机软件不是出租的主要标的的除外;	七、貸与権、即ち有償で他人が**視聴覚著作物**及びコンピュータソフトウェア**の原作品又は複製物**を一時的に使用することを許諾する権利、ただし貸出を主目的としないコンピュータソフトウェアを除く。
(八)展览权,即公开陈列美术作品、摄影作品的原件或者复制件的权利;	八、展示権、即ち美術著作物、写真の著作物の原作品又は複製品を公開陳列する権利

条	中文 2010 年著作権法	2010 年法日本語訳
	的原件或者复制件的权利; (九)表演权,即公开表演作品,以及用各种手段公开播送作品的表演的权利; (十)放映权,即通过放映机、幻灯机等技术设备公开再现美术、摄影、电影和以类似摄制电影的方法创作的作品等的权利; (十一)广播权,即以无线方式公开广播或者传播作品,以有线传播或者转播的方式向公众传播广播的作品,以及通过扩音器或者其他传送符号、声音、图像的类似工具向公众传播广播的作品的权利; (十二)信息网络传播权,即以有线或者无线方式向公众提供~~作品~~、使公众可以在其~~个人~~选	八、展示権、即ち美術著作物、写真の著作物の原作品又は複製物を公開陳列する権利 九、実演権、即ち著作物を公に実演し、併せて各種手段を用いて著作物の実演を公に伝達する権利 十、上映権、即ち映写機、幻灯機等の技術設備を利用して、美術、写真、映画及び映画の撮影制作に類する方法により創作された著作物等を公に再現する権利 十一、放送権、即ち無線方式によって著作物を放送又は伝達し、又は放送された著作物を有線放送若しくは電送方法で公衆に対して伝達し、及び拡声器又はその他の信号・音声・画像を伝送する類似の機器を通して公衆に著作物を伝達する権利 十二、情報ネットワーク伝達権、即ち有線又は無線方式により、公衆が個別に選択した

中文 2020 年改正法	2020 年改正法日本語訳
(九)表演权,即公开表演作品,以及用各种手段公开播送作品的表演的权利; (十)放映权,即通过放映机、幻灯机等技术设备公开再现美术、摄影、**视听作品**等的权利; (十一)广播权,即以**有线或者**无线方式**公开传播或者转播**作品,以及通过扩音器或者其他传送符号、声音、图像的类似工具向公众传播广播的作品的权利;**但不包括本款第十二项规定的权利;** (十二)信息网络传播权,即以有线或者无线方式向公众提供、使公众可以在其选定的时间和地点获得作品的权利;	九、実演権、即ち著作物を公に実演し、併せて各種手段を用いて著作物の実演を公に伝達する権利 十、上映権、即ち映写機、幻灯機等の技術設備を利用して、美術、写真、**視聴覚著作物**等を公に再現する権利 十一、放送権、即ち**有線又は**無線方式によって著作物を**公衆に伝達又は再送信し、**及び拡声器又はその他の信号・音声・画像を伝送する類似の機器を通して放送された著作物を公衆に伝達する権利 。**ただし、本条十二号で規定されている権利は含まない。** 十二、情報ネットワーク伝達権、即ち有線又は無線方式により、公衆が**自ら**選択した時間、場所においてアクセスできるように公衆に著作物を提供する権利

条	中文 2010 年著作権法	2010 年法日本語訳
	定的时间和地点获得作品的权利； (十三)摄制权，即以**摄制电影或者以类似摄制电影**的方法将作品固定在载体上的权利； (十四)改编权,即改变作品，创作出具有独创性的新作品的权利； (十五)翻译权,即将作品从一种语言文字转换成另一种语言文字的权利； (十六)汇编权,即将作品或者作品的片段通过选择或者编排,汇集成新作品的权利； (十七)应当由著作权人享有的其他权利。 著作权人可以许可他人行使前款第(五)项至第(十七)项规定的权利,并依照约定或者本法有关规定获得报酬。 著作权人可以全部或	時間、場所においてアクセスできるように公衆に著作物を提供する権利 十三、撮影製作権、即ち**映画の撮影制作又は映画の撮影制作に類する**方法により、著作物を媒体に固定させる権利 十四、翻案権、即ち著作物を改変し、独創性を有する新たな著作物を作り出す権利 十五、翻訳権、即ち著作権をある言語から別の言語に変換する権利 十六、編集権、即ち著作物又は著作物の一部分を選択又は配列し、新たな著作物として編集する権利 十七、著作権者が享有すべきその他の権利 著作権者は、前項第五号乃至同第十七号に規定する権利の行使を他人に許諾することができ、且つ契約又は本法の関連規定により報酬を得ること

中文 2020 年改正法	2020 年改正法日本語訳
(十三)摄制权,即以**摄制视听作品的**方法将作品固定在载体上的权利; (十四)改编权,即改变作品,创作出具有独创性的新作品的权利; (十五)翻译权,即将作品从一种语言文字转换成另一种语言文字的权利; (十六)汇编权,即将作品或者作品的片段通过选择或者编排,汇集成新作品的权利; (十七)应当由著作权人享有的其他权利。 著作权人可以许可他人行使前款第(五)项至第(十七)项规定的权利,并依照约定或者本法有关规定获得报酬。 著作权人可以全部或者部分转让本条第一款第(五)项至第(十七)项规定的权利,并依照约定或者本法有关规定获得	十三、撮影製作権、即ち**視聴覚著作物の撮影製作**方法により、著作物を媒体に固定させる権利 十四、翻案権、即ち著作物を改変し、独創性を有する新たな著作物を作り出す権利 十五、翻訳権、即ち著作権をある言語から別の言語に変換する権利 十六、編集権、即ち著作物又は著作物の一部分を選択又は配列し、新たな著作物として編集する権利 十七、著作権者が享有すべきその他の権利 著作権者は、前項第五号乃至同第十七号に規定する権利の行使を他人に許諾することができ、且つ契約又は本法の関連規定により報酬を得ることができる。 著作権者は、本条第一項第五号項乃至第十七号に規定する権利の全部又は一部を譲渡でき、且つ契約又は本法の関連規定により報酬を得ることができる。

条	中文 2010 年著作権法	2010 年法日本語訳
	者部分转让本条第一款第(五)项至第(十七)项规定的权利,并依照约定或者本法有关规定获得报酬。	ができる。 著作権者は、本条第一項第五号乃至第十七号に規定する権利の全部又は一部を譲渡でき、且つ契約又は本法の関連規定により報酬を得ることができる。
第二章　著作権　第二節　著作権の帰属		
11 条	第十一条 著作权属于作者，本法另有规定的除外。 创作作品的**公民**是作者。 由法人或者**其他组织**主持，代表法人或者**其他组织**意志创作,并由法人或者**其他组织**承担责任的作品,法人或者**其他组织**视为作者。 ~~如无相反证明，在作品上署名的公民、法人或者其他组织为作者。~~	第十一条 著作権は著作者に帰属する。但し本法で別段の規定があればこの限りでない。 著作物を創作した**公民**を著作者とする。 法人又は**その他の組織**が主管し、法人又は**その他の組織**の意思を代表して創作し、且つ法人又は**その他の組織**が責任を負担する著作物については、法人又は**その他の組織**を著作者とみなす。 ~~反証がない限り、著作物に氏名を表示した公民、法人、その他の組織は著作者とする。~~
12 条 (新設)		

中文 2020 年改正法	2020 年改正法日本語訳
报酬。	

第十一条 著作权属于作者，本法另有规定的除外。 创作作品的自然人是作者。 由法人或者非法人组织主持，代表法人或者非法人组织意志创作，并由法人或者非法人组织承担责任的作品，法人或者非法人组织视为作者。	第十一条 著作権は著作者に帰属する。但し本法で別段の規定があればこの限りでない。 著作物を創作した自然人を著作者とする。 法人又は非法人組織が主管し、法人又は非法人組織の意思を代表して創作し、且つ法人又は非法人組織が責任を負担する著作物については、法人又は非法人組織を著作者とみなす。
第十二条　在作品上署名	第十二条　反対の証明がない限り、著作物に署名している自然

条	中文 2010 年著作権法	2010 年法日本語訳
13 条（旧 12 条）	第十二条 改编、翻译、注释、整理已有作品而产生的作品，其著作权由改编、翻译、注释、整理人享有，但行使著作权时不得侵犯原作品的著作权。	第十二条 既存の著作物を翻案、翻訳、注釈、整理することにより創作された著作物の著作権は、その翻案、翻訳、注釈、整理をした者が享有する。但し、著作権を行使するにあたっては、原著作物の著作権を侵害してはならない。
14 条（旧 13 条）	第十三条 两人以上合作创作的作品，著作权由合作作者共同享有。没有参加创作的人，不能成为合作作者。 合作作品可以分割使用的，作者对各自创作的部分可以单独享有著作	第十三条 二人以上の者が共同で創作した著作物の著作権は、共同著作者によって共有される。創作に参加していない者は、共同著作者とはなりえない。 分割して使用できる共同著作物については、著作者は各

中文 2020 年改正法	2020 年改正法日本語訳
的自然人、法人或者非法人组织为作者，且该作品上存在相应权利，但有相反证明的除外。 作者等著作权人可以向国家著作权主管部门认定的登记机构办理作品登记。 与著作权有关的权利参照适用前两款规定。	人、法人、または非法人組織が著作者であり、当該著作物に権利を有する。 著作者等の著作権者は、国家著作権主管部門が認めた登録機関に著作物を登録できる。 著作隣接権権利については、前二項の規定を準用する。
第十三条 改编、翻译、注释、整理已有作品而产生的作品，其著作权由改编、翻译、注释、整理人享有，但行使著作权时不得侵犯原作品的著作权。	第十三条 既存の著作物を翻案、翻訳、注釈、整理することにより創作された著作物の著作権は、その翻案、翻訳、注釈、整理をした者が享有する。但し、著作権を行使するにあたっては、原著作物の著作権を侵害してはならない。
第十四条 两人以上合作创作的作品，著作权由合作作者共同享有，没有参加创作的人，不能成为合作作者。 合作作品的著作权由合作作者通过协商一致行使；不能协商一致，又无	第十四条 二人以上の者が共同で創作した著作物の著作権は、共同著作者によって共有される。創作に参加していない者は、共同著作者とはなりえない。 共同著作物の著作権は、共同著作者の合意により行使される。合意に至らず、かつ正当な理由もな

条	中文 2010 年著作権法	2010 年法日本語訳
	权,但行使著作权时不得侵犯合作作品整体的著作权。	自の創作部分に対して個別に著作権を享有できる。但し、著作権を行使するにあたっては、共同著作物全体の著作権を侵害してはならない。
15 条（旧 14 条）	第十四条 汇编若干作品、作品的片段或者不构成作品的数据或者其他材料，对其内容的选择或者编排体现独创性的作品，为汇编作品，其著作权由汇编人享有，但行使著作权时，不得侵犯原作品的著作权。	第十四条 いくつかの著作物、著作物の一部、又は著作物ではないデータ又はその他の資料を編集し、その内容の選択又は配列により独創性を有する著作物は、編集著作物として、その著作権は編集者が享有する。但し、著作権を行使するにあたっては、原著作物の著作権を侵害してはならない。

中文 2020 年改正法	2020 年改正法日本語訳
正当理由的,任何一方不得阻止他方行使除转让、许可他人专有使用、出质以外的其他权利,但是所得收益应当合理分配给所有合作作者。 合作作品可以分割使用的,作者对各自创作的部分可以单独享有著作权,但行使著作权时不得侵犯合作作品整体的著作权。	い場合は、譲渡、独占許諾及び質権設定を除いて、いずれの共同著作権者も他の共同著作者による権利行使を妨げない。取得した収益はすべての共同著作者に合理的に分配しなければならない。 分割して使用できる共同著作物については、著作者は各自の創作部分に対して個別に著作権を享有できる。但し、著作権を行使するにあたっては、共同著作物全体の著作権を侵害してはならない。
第十五条 汇编若干作品、作品的片段或者不构成作品的数据或者其他材料，对其内容的选择或者编排体现独创性的作品，为汇编作品，其著作权由汇编人享有，但行使著作权时，不得侵犯原作品的著作权。	第十五条 いくつかの著作物、著作物の一部、又は著作物ではないデータ又はその他の資料を編集し、その内容の選択又は配列により独創性を有する著作物は、編集著作物として、その著作権は編集者が享有する。但し、著作権を行使するにあたっては、原著作物の著作権を侵害してはならない。

条	中文 2010 年著作権法	2010 年法日本語訳
16 条（新設）		
17 条（旧 15 条）	第十五条　**电影作品和以类似摄制电影的方法创作的**作品的著作权由**制片者**享有，但编剧、导 演、摄影、作词、作曲等作者享有署名权，并有权按照与**制片者**签订的合同获得报酬。 **电影作品和以类似摄制电影的方法创作的**作品中的剧本、音乐等可以单独使用的作品的作者有权单独行使其著作权。	第十五条　**映画著作物及び映画の撮影製作に類する方法により創作された**著作物の著作権は、**製作者**が享有する。但し、脚本、監督、撮影、作詞、作曲等の著作者は氏名表示権を享有し、併せて**製作者**と締結した契約に基づき報酬を得る権利を享有する。 **映画著作物及び映画の撮影製作に類する方法により創作された**著作物中の脚本、音楽等の個別に使用できる著作物の著作者は、その著作権を個別に行使する権利を有する。

中文2020年改正法	2020年改正法日本語訳
第十六条　使用改编、翻译、注释、整理、汇编已有作品而产生的作品进行出版、演出和制作录音录像制品，应当取得该作品的著作权人和原作品的著作权人许可，并支付报酬。	第十六条　既存の著作物を翻案、翻訳、注釈、整理、編集して創作された著作物を利用して、出版、実演、レコード・録画物の製作をするにあたっては、当該著作物の著作権者と原著作物の著作権者から許諾を得、報酬を支払わなければならない。
第十七条　视听作品中的电影作品、电视剧作品的著作权由制作者享有，但编剧、导演、摄影、作词、作曲等作者享有署名权，并有权按照与制作者签订的合同获得报酬。 前款规定以外的视听作品的著作权归属由当事人约定，没有约定或者约定不明确的，由制作者享有，但作者享有署名权和获得报酬的权利。 视听作品中的剧本、音乐等可以单独使用的作品的作者有权单独行使其著作	第十七条　視聴覚著作物の内の映画・テレビドラマの著作物の著作権は、製作者が享有する。但し、脚本、監督、撮影、作詞、作曲等の著作者は氏名表示権を享有し、併せて製作者と締結した契約に基づき報酬を得る権利を享有する。 前項に規定されたもの以外の視聴覚著作物の著作権帰属は、当事者の合意によるものとし、合意が無い或いは合意が明確ではない場合は、製作者が享有するが、著作者は氏名表示権及び報酬を得る権利を有する。 視聴覚著作物中の脚本、音楽等の個別に使用できる著作物の著作者は、その著作権を個別に行使す

条	中文 2010 年著作権法	2010 年法日本語訳
18 条（旧 16 条）	第十六条　公民为完成法人或者其他组织工作任务所创作的作品是职务作品，除本条第二款的规定以外，著作权由作者享有，但法人或者其他组织有权在其业务范围内优先使用。作品完成两年内，未经单位同意，作者不得许可第三人以与单位使用的相同方式使用该作品。 有下列情形之一的职务作品，作者享有署名权，著作权的其他权利由法人或者其他组织享有，法人或者其他组织可以给予作者奖励： （一）主要是利用法人或者其他组织的物质技术条件创作，并由法人或者其他组织承担责任的工	第十六条　公民が法人或いは其の他の組織にかかる業務上の任務を遂行するために創作した著作物は職務著作物であり、本条第二項の規定を除き、その著作権は著作者が享有する。但し、法人或いは其の他の組織はその業務の範囲内で優先的に使用できる権利を有する。著作物が完成してから2年以内は、事業単位の同意を得ずに、著作者は第三者に事業単位が使用することと同一の方法で当該著作物を使用することを許諾してはならない。 　次に掲げる形態のいずれかの職務著作物については、著作者は氏名表示権を享有する。著作権にかかるその他の権利は、法人或いは其の他の組織がこれを享有する。法人或いは其の他の組織は著作者に褒賞を与えることができ

中文 2020 年改正法	2020 年改正法日本語訳
权。	る権利を有する。
第十八条　自然人为完成法人或者非法人组织工作任务所创作的作品是职务作品，除本条第二款的规定以外，著作权由作者享有，但法人或者非法人组织有权在其业务范围内优先使用。作品完成两年内，未经单位同意，作者不得许可第三人以与单位使用的相同方式使用该作品。 有下列情形之一的职务作品，作者享有署名权，著作权的其他权利由法人或者非法人组织享有，法人或者非法人组织可以给予作者奖励： （一）主要是利用法人或者非法人组织的物质技术条件创作，并由法人或者非法人组织承担责任的工程设计图、产品设计图、地	第十八条 自然人が法人或いは非法人組織にかかる業務上の任務を遂行するために創作した著作物は職務著作物であり、本条第二項の規定を除き、その著作権は著作者が享有する。但し、法人或いは非法人組織はその業務の範囲内で優先的に使用できる権利を有する。著作物が完成してから2年以内は、事業単位の同意を得ずに、著作者は第三者に事業単位が使用することと同一の方法で当該著作物を使用することを許諾してはならない。 次に掲げる形態のいずれかの職務著作物については、著作者は氏名表示権を享有する。著作権にかかるその他の権利は、法人或いは非法人組織がこれを享有する。法人或いは非法人組織は著作者に褒賞を与えることができる。 一、主として法人或いは非法人組織の物質的、技術的資源を利用して創作し、かつ法人或いは非法人

条	中文 2010 年著作権法	2010 年法日本語訳
	程设计图、产品设计图、地图、计算机软件等职务作品； （二）法律、行政法规规定或者合同约定著作权由法人或者其他组织享有的职务作品。	る。 一、主として法人或いは其の他の組織の物質的、技術的資源を利用して創作し、かつ法人或いは其の他の組織が責任を負う建設・工事設計図、製品設計図、地図、コンピュータソフトウェア等の職務著作物 二、法人又は其の他の組織が著作権を享有することを、法律・行政法規が規定し、又は契約で定められた職務著作物。
19 条 (旧 17 条)	第十七条 受委托创作的作品，著作权的归属由委托人和受托人通过合同约定。合同未作明确约定或者没有订立合同的，著作权属于受托人。	第十七条 委託を受けて創作された著作物の著作権の帰属は、委託者及び受託者が契約により定めることとする。契約に明確な定めがない、又は契約を締結していない場合は、著作権は受託者に帰属する。
20 条 (旧 18 条)	第十八条　美术等作品原件所有权的转移，不视为作品著作权的转	第十八条　美術等の著作物の原作品の所有権の移転は、著作権の移転とはみなされない。但し、

中文 2020 年改正法	2020 年改正法日本語訳
图、示意图、计算机软件等职务作品； （二）报社、期刊社、通讯社、广播电台、电视台的工作人员创作的职务作品； （三）法律、行政法规规定或者合同约定著作权由法人或者非法人组织享有的职务作品。	組織が責任を負う建設・工事設計図、製品設計図、地図、説明図、コンピュータソフトウェア等の職務著作物。 二、新聞社、定期刊行物社、通信社、ラジオ局、テレビ局、の従業員が創作した職務著作物。 三、法人又は非法人組織が著作権を享有することを、法律・行政法規が規定し、又は契約で定められた職務著作物。
第十九条　受委托创作的作品，著作权的归属由委托人和受托人通过合同约定。合同未作明确约定或者没有订立合同的，著作权属于受托人。	第十九条 委託を受けて創作された著作物の著作権の帰属は、委託者及び受託者が契約により定めることとする。契約に明確な定めがない、又は契約を締結していない場合は、著作権は受託者に帰属する。
第二十条 作品原件所有权的转移，不改变作品著作权的归属，但美术、摄	第二十条　著作物の原作品にかかる所有権の移転は、著作物の著作権の帰属を変えるものではない。但

条	中文 2010 年著作権法	2010 年法日本語訳
	移，但美术作品原件的展览 权由原件所有人享有。	美術の著作物の原作品にかかる展示権は、原著作物の所有者が享有する。
21 条 (旧 19 条)	第十九条 著作权属于公民的,公民死亡后,其本法第十条第一款第(五)项至第(十七)项规定的权利在本法规定的保护期内,依照继承法的规定转移。 著作权属于法人或者其他组织的,法人或者其他组织变更、终止后,其本法第十条第一款第(五)项至第(十七)项规定的权利在本法规定的保护期内,由承受其权利义务的法人或者其他组织享有;没有承受其	第十九条　著作権が公民に帰属する場合、当該公民が死亡した後、本法第十条第一項第五号乃至第十七号に定める権利については、本法に定める保護期間内は、相続法の規定により移転する。 著作権が法人又は其の他の組織に帰属する場合、当該法人又は其の他の組織が変更又は終了した後、本法第十条第一項第五号乃至第十七号に定める権利については、本法に定める保護期間内は、当該権利義務を承継する法人又は其の他の組織が享有する。当該

中文 2020 年改正法	2020 年改正法日本語訳
影作品原件的展览权由原件所有人享有。 作者将未发表的美术、摄影作品的原件所有权转让给他人，受让人展览该原件不构成对作者发表权的侵犯。	し、美術、写真の著作物の原作品にかかる展示権は、原作品の所有者が享有する。 未公表の美術、写真の著作物の原作品の所有権を著作者が他者に譲渡した場合、譲受人が当該原作品を公に展示することは著作者の公表権を侵害しない。
第二十一条　著作权属于自然人的，自然人死亡后，其本法第十条第一款第（五）项至第（十七）项规定的权利在本法规定的保护期内，依法转移。著作权属于法人或者非法人组织的，法人或者非法人组织变更、终止后，其本法第十条第一款第（五）项至第（十七）项规定的权利在本法规定的保护期内，由承受其权利义务的法人或者非法人组织享有；没有承受其权利义务的法人或者非法	第二十一条　著作権が自然人に帰属する場合、当該自然人が死亡した後、本法第十条第一項第五号乃至第十七号に定める権利については、本法に定める保護期間内は、法に基づき移転する。 著作権が法人又は非法人組織に帰属する場合、当該法人又は非法人組織が変更又は終了した後、本法第十条第一項第五号乃至第十七号に定める権利については、本法に定める保護期間内は、当該権利義務を承継する法人又は非法人組織が享有する。当該権利義務を承継する法人又は非法人組織が存在しない場合には、国が享有する。

条	中文 2010 年著作権法	2010 年法日本語訳
	权利义务的法人或者其他组织的，由国家享有。	権利義務を承継する法人又は其の他の組織が存在しない場合には、国が享有する。
第二章　著作権　　第三節　著作権の保護期間		
22 条（旧 20 条）	第二十条　作者的署名权、修改权、保护作品完整权的保护期不受限制。	第二十条 著作者の氏名表示権、改変権、及び同一性保持権の保護期間は無期限とする。
23 条（旧 21 条）	第二十一条　公民的作品，其发表权、本法第十条第一款第（五）项至第（十七）项规定的权利的保护期为作者终生及其死亡后五十年，截止于作者死亡后第五十年的12 月31 日；如果是合作作品，截止于最后死亡的作者死亡后第五十年的12月31日。 法人或者其他组织的作品、著作权（署名权除外）由法人或者其他组织享有的职务作品，其发表权、本法第十条第	第二十一条　公民の著作物の公表権、本法第十条第一項第五号乃至第十七号に定める権利の保護期間は著作者の生涯及びその死後50年間とし、著作者の死亡の日から起算して50年を経過した年の12月31日までとする。共同著作物の場合、最後に死亡した著作者の死亡の日から起算して50年を経過した年の12月31日までとする。 法人又は其の他の組織の著作物及び著作権（氏名表示権を除く）を法人又は其の他の組織が享有する職務著作物に

中文 2020 年改正法	2020 年改正法日本語訳
人组织的,由国家享有。	
第二十二条 作者的署名权、修改权、保护作品完整权的保护期不受限制。	第二十ニ条 著作者の氏名表示権、改変権、及び同一性保持権の保護期間は無期限とする。
第二十三条 自然人的作品,其发表权、本法第十条第一款第(五)项至第(十七)项规定的权利的保护期为作者终生及其死亡后五十年,截止于作者死亡后第五十年的12 月31 日;如果是合作作品,截止于最后死亡的作者死亡后第五十年的12月31日。 法人或者非法人组织的作品、著作权(署名权除外)由法人或者非法人组织享有的职务作品,其发表权的保护期为五十	第二十三条 自然人の著作物の公表権、本法第十条第一項第五号乃至第十七号に定める権利の保護期間は著作者の生涯及びその死後50年間とし、著作者の死亡の日から起算して50年を経過した年の12月31日までとする。共同著作物の場合、最後に死亡した著作者が死亡した日から起算して50年を経過した年の12月31日までとする。 法人又は非法人組織の著作物及び著作権(氏名表示権を除く)を法人又は非法人組織が享有する職務著作物にかかる公表権の保護期間は50年で、著作物創作完了後50年の12月31日までとする。本法第

条	中文 2010 年著作権法	2010 年法日本語訳
	一款第(五)项至第(十七)项规定的权利的保护期为五十年,截止于作品首次发表后第五十年的12月31日,但作品自创作完成后五十年内未发表的，本法不再保护。 电影作品和以类似摄制电影的方法创作的作品、摄影作品，其发表权、本法第十条第一款第(五)项至第(十七)项规定的权利的保护期为五十年，截止于作品首次发表后第五十年的12月31日,但作品自创作完成后五十年内未发表的,本法不再保护	かかる公表権及び本法第十条第一項第五号乃至第十七号に定める権利の保護期間は50年間とし、著作物が最初に公表された日から起算して50年を経過した年の12月31日までとする。但し、著作物が創作完了後の50年以内に公表されなかったときは、それ以降本法による保護を享受しない。 映画著作物及び映画の撮影製作に類する方法により創作された著作物にかかる公表権及び本法第十条第一項第五号乃至第十七号に定める権利の保護期間は50年間とし、著作物が最初に公表された日から起算して50年を経過した年の12月31日までとする。但し、著作物が創作完了後の50年以内に公表されなかったときは、それ以降は本法による保護を享受しない。

中文 2020 年改正法	2020 年改正法日本語訳
年，截止于作品创作完成后第五十年的12月31日，本法第十条第一款第(五)项至第(十七)项规定的权利的保护期为五十年,截止于作品首次发表后第五十年的12月31日,但作品自创作完成后五十年内未发表的,本法不再保护。 视听作品,其发表权的保护期为五十年，截止于作品创作完成后第五十年的12月31日，本法第十条第一款第(五)项至第(十七) 项规定的权利的保护期为五十年，截止于作品首次发表后第五十年的12月31日,但作品自创作完成后五十年内未发表的,本法不再保护。	十条第一項第五号乃至第十七号に定める権利の保護期間は50年間とし、著作物が最初に公表された日から起算して50年を経過した年の12月31日までとする。但し、著作物が創作完了後の50年以内に公表されなかったときは、それ以降本法による保護を享受しない。 視聴覚著作物にかかる公表権の保護期間は50年で、著作物創作完了後50年の12月31日までとする。本法第十条第一項第五号乃至第十七号に定める権利の保護期間は50年間とし、著作物が最初に公表された日から起算して50年を経過した年の12月31日までとする。但し、著作物が創作完了後の50年以内に公表されなかったときは、それ以降は本法による保護を享受しない。

条	中文 2010 年著作権法	2010 年法日本語訳
第二章　著作権　第四節　権利制限		
24 条（第 22 条）	第二十二条 在下列情况下使用作品,可以不经著作权人许可,不向其支付报酬,但应当指明作者姓名、作品名称,并且不得侵犯著作权人依照本法享有的其他权利: (一)为个人学习、研究或者欣赏,使用他人已经发表的作品; (二)为介绍、评论某一作品或者说明某一问题,在作品中适当引用他人已经发表的作品; (三)为报道时事新闻,在报纸、期刊、广播电台、电视台等媒体中不可避免地再现或者引用已经发表的作品; (四)报纸、期刊、广播电台、电视台等媒体刊登或者播放其他报纸、期刊、广播电台、电视台等媒体已经发表的关	第二十二条 次の各号に掲げる状況において著作物を利用する場合は、著作権者の許諾を必要とせず、著作権者に報酬を支払わなくてよい。但し、著作者の氏名、著作物の題号を明示しなければならず、かつ著作権者が本法に基づき共有する其の他の権利を侵害してはならない。 一、個人的な学習、研究又は鑑賞のために、他人の既に公表された著作物を使用する場合 二、著作物を紹介、評論、又は問題を説明するために、著作物において既に公表された他人の著作物を適切に引用する場合 三、時事の報道のために、新聞・定期刊行物、ラジオ局・テレビ局等の媒体で既に公表された著作物をやむを得ず再現又は引用する場合 四、新聞・定期刊行物、ラジ

中文 2020 年改正法	2020 年改正法日本語訳
第二十四条 在下列情况下使用作品，可以不经著作权人许可，不向其支付报酬，但应当指明作者姓名**或者名称**、作品名称，并且**不得影响该作品的正常使用，也不得不合理地损害著作权人的合法权益**： （一）为个人学习、研究或者欣赏，使用他人已经发表的作品； （二）为介绍、评论某一作品或者说明某一问题，在作品中适当引用他人已经发表的作品； （三）为报道新闻，在报纸、期刊、广播电台、电视台等媒体中不可避免地再现或者引用已经发表的作品； （四）报纸、期刊、广播电台、电视台等媒体刊登或者播放其他报纸、期刊、广播电台、电视	第二十四条 次の各号に掲げる状況において著作物を利用する場合は、著作権者の許諾を必要とせず、著作権者に報酬を支払わなくてよい。但し、著作者の氏名**又は名称**、及び著作物の題号を明示しなければならず、かつ**著作物の通常の使用を妨げず、著作権者の正当な利益を不当に害してはならない。** 一、個人的な学習、研究又は鑑賞のために、他人の既に公表された著作物を使用する場合 二、著作物を紹介、評論、又は問題を説明するために、著作物において既に公表された他人の著作物を適切に引用する場合 三、報道のために、新聞・定期刊行物、ラジオ局・テレビ局等の媒体で既に公表された著作物をやむを得ず再現又は引用する場合 四、新聞・定期刊行物、ラジオ局、テレビ局等の媒体が、他の新聞・定期刊行物、放送局・テレビ局等の媒体により既に公表された

条	中文 2010 年著作権法	2010 年法日本語訳
	于政治、经济、宗教问题的时事性文章，但作者声明不许刊登、播放的除外； (五)报纸、期刊、广播电台、电视台等媒体刊登或者播放在公众集会上发表的讲话，但作者声明不许刊登、播放的除外； (六)为学校课堂教学或者科学研究，翻译或者少量复制已经发表的作品，供教学或者科研人员使用，但不得出版发行； (七)国家机关为执行公务在合理范围内使用已经发表的作品； (八)图书馆、档案馆、纪念馆、博物馆、美术馆等为陈列或者保存版本的需要，复制本馆收藏的作品；	オ局、テレビ局等の媒体が、他の新聞・定期刊行物、放送局・テレビ局等の媒体により既に公表された政治、経済、宗教問題に関する時事的文章を掲載又は放送する場合、但し著作者が掲載、放送を許諾しない旨を表明している場合はこの限りでない 五、新聞・定期刊行物、放送局・テレビ局等の媒体が、公衆の集会において公表された演説を掲載又は放送する場合、但し著作者が掲載、放送を許諾しない旨を表明している場合はこの限りでない 六、学校の教室における授業又は科学研究のために、既に公表された著作物を翻訳、又は少量複製し、授業又は科学研究にかかる者の使用に供する場合、但しそれを出版又は発行してはならない。 七、国家機関が公務執行のために、既に公表された著作物

中文 2020 年改正法	2020 年改正法日本語訳
台等媒体已经发表的关于政治、经济、宗教问题的时事性文章，但著作权人声明不许刊登、播放的除外； (五) 报纸、期刊、广播电台、电视台等媒体刊登或者播放在公众集会上发表的讲话，但作者声明不许刊登、播放的除外； (六) 为学校课堂教学或者科学研究，翻译、改编、汇编、播放或者少量复制已经发表的作品，供教学或者科研人员使用，但不得出版发行； (七) 国家机关为执行公务在合理范围内使用已经发表的作品； (八) 图书馆、档案馆、纪念馆、博物馆、美术馆、文化馆等为陈列或者保存版本的需要，复制本馆收藏的作品；	政治、経済、宗教問題に関する時事的文章を掲載又は放送する場合、但し著作権者が掲載、放送を許諾しない旨を表明している場合はこの限りでない 五、新聞・定期刊行物、放送局・テレビ局等の媒体が、公衆の集会において公表された演説を掲載又は放送する場合、但し著作権者が掲載、放送を許諾しない旨を表明している場合はこの限りでない 六、学校の教室における授業又は科学研究のために、既に公表された著作物を翻訳、翻案、編集、再生又は少量複製し、授業又は科学研究にかかる者の使用に供する場合、但しそれを出版又は発行してはならない。 七、国家機関が公務執行のために、既に公表された著作物を合理的な範囲内で使用する場合 八、図書館、公文書館、記念館、博物館、美術館、文化会館等が陳列又は版本を保存する必要から当該館が収蔵する著作物を複製する

条	中文 2010 年著作権法	2010 年法日本語訳
	(九)免费表演已经发表的作品,该表演未向公众收取费用,也未向表演者支付报酬; (十)对设置或者陈列在室外公共场所的艺术作品进行临摹、绘画、摄影、录像; (十一)将中国公民、法人或者其他组织已经发表的以汉语言文字创作的作品翻译成少数民族语言文字作品在国内出版发行; (十二) 将已经发表的作品改成盲文出版。 前款规定适用于对出版者、表演者、录音录像制作者、广播电台、电视台的权利的限制。	を合理的な範囲内で使用する場合 八、図書館、公文書館、記念館、博物館、美術館等が陳列又は版本を保存する必要から当該館が収蔵する著作物を複製する場合 九、既に公表された著作物を無償で実演する場合、ただし、当該実演が公衆から費用を徴収せず実演家にも報酬を支払わない場合。 十、屋外の公共の場所に設置又は展示されている美術の著作物につき、模写、描写、写真撮影又は録画する場合 十一、中国の公民、法人又は其の他の組織により既に公表済みの漢言語により創作された著作物を、少数民族の言語文字に翻訳し国内で出版及び発行する場合 十二、既に公表された著作物を、点字にして出版すること 前項の規定は、出版者、実演

中文 2020 年改正法	2020 年改正法日本語訳
	場合
(九) 免费表演已经发表的作品，该表演未向公众收取费用，也未向表演者支付报酬，且不以营利为目的；	九、既に公表された著作物を無償で実演する場合、ただし、当該実演が公衆から費用を徴収せず実演家にも報酬を支払わず，かつ営利を目的としない場合をいう
(十) 对设置或者陈列在公共场所的艺术作品进行临摹、绘画、摄影、录像；	十、公共の場所に設置又は展示されている美術の著作物につき、模写、描写、写真撮影又は録画する場合
(十一) 将中国自然人、法人或者非法人组织已经发表的以国家通用语言文字创作的作品翻译成少数民族语言文字作品在国内出版发行；	十一、中国自然人、法人又は非法人組織により既に公表済みの国家共通言語文字により創作された著作物を、少数民族の言語文字に翻訳し国内で出版及び発行する場合
(十二) 以阅读障碍者能够感知的无障碍方式向其提供已经发表的作品。	十二、既に公表された著作物を、読字障害者が覚知できる無障害方法にして提供する場合
（十三）法律、行政法规规定的其他情形。	（十三）法律および行政法規により規定されているその他の場合。
前款规定适用于对与著作权有关的权利的限制。	前項の規定は、著作隣接権の制限に適用する。

条	中文 2010 年著作権法	2010 年法日本語訳
		家、レコード・録画物製作者、ラジオ局・テレビ局に対する権利の制限に適用する。
25 条（旧 23 条）	第二十三条　为实施九年制义务教育和国家教育规划而编写出版教科书，除作者事先声明不许使用的外，可以不经著作权人许可，在教科书中汇编已经发表的作品片段或者短小的文字作品、音乐作品或者单幅的美术作品、摄影作品，但应当按照规定支付报酬，指明作者姓名、作品名称，并且不得侵犯著作权人依照本法享有的其他权利。 前款规定适用于对出版者、表演者、录音录像制作者、广播电台、电视台的权利的限制。	第二十三条　9年制義務教育及び国の教育計画を実施するために編纂出版される教科書には、著作者が事前に使用を認めない旨を表明している場合を除き、著作者の許諾を得ることなく、当該教科書の中で既に公表された著作物の一部又は短い文藝著作物、音楽著作物、又は一枚ものの美術著作物、写真の著作物、を編集することができる。但し規定に基づき報酬を支払わなければならず、著作者の氏名・著作物の題号を明記しなければならない。併せて著作権者が本法により享有するその他の権利を侵害してはならない。 前項の規定は、出版者、実演家、レコード・録画物製作者、ラジオ局・テレビ局に対する権利の制限に適用する。

中文2020年改正法	2020年改正法日本語訳
第二十五条 为实施义务教育和国家教育规划而编写出版教科书,可以不经著作权人许可,在教科书中汇编已经发表的作品片段或者短小的文字作品、音乐作品或者单幅的美术作品、摄影作品、**图形作品,**但应当按照规定**向著作权人**支付报酬,指明作者姓名**或者名称**、作品名称,并且不得侵犯著作权人依照本法享有的其他权利。 前款规定适用于对**与著作权有关的**的权利的限制。	第二十五条　義務教育及び国の教育計画を実施するために編纂出版される教科書には、著作者の許諾を得ることなく、当該教科書の中で既に公表された著作物の一部又は短い文藝著作物、音楽著作物、又は一枚ものの美術著作物、写真の著作物、**図形の著作物**を編集することができる。但し規定に基づき**著作権者に**報酬を支払わなければならず、著作者の氏名**・名称**、著作物の題号を明記しなければならない。併せて著作権者が本法により享有するその他の権利を侵害してはならない。 前項の規定は、**著作隣接権**の制限に適用する。

条	中文 2010 年著作権法	2010 年法日本語訳
第三章　著作権の使用許諾及び譲渡契約		
26 条 (旧 24 条)	第二十四条 使用他人作品应当同著作权人订立许可使用合同，本法规定可以不经许可的除外。 许可使用合同包括下列主要内容： （一）许可使用的权利种类； （二）许可使用的权利是专有使用权或者非专有使用权； （三）许可使用的地域范围、期间； （四）付酬标准和办法； （五）违约责任； （六）双方认为需要约定的其他内容。	第二十四条 他人の著作物を使用するときは、著作権者と使用許諾契約を締結しなければならない。本法の規定により許諾を要しない場合はこの限りでない。 使用許諾契約には、主に次の各号に掲げる内容が含まれる。 一、使用を許諾する権利の種類 二、使用を許諾する権利は独占使用権か非独占使用権か 三、使用を許諾する地理的範囲、期間 四、報酬支払基準及び方法 五、違約責任 六、当事者双方が約定を要すると認めるその他の内容

中文 2020 年改正法	2020 年改正法日本語訳
第二十六条 使用他人作品应当同著作权人订立许可使用合同，本法规定可以不经许可的除外。 许可使用合同包括下列主要内容： （一）许可使用的权利种类； （二）许可使用的权利是专有使用权或者非专有使用权； （三）许可使用的地域范围、期间； （四）付酬标准和办法； （五）违约责任； （六）双方认为需要约定的其他内容。	第二十六条 他人の著作物を使用するときは、著作権者と使用許諾契約を締結しなければならない。本法の規定により許諾を要しない場合はこの限りでない。 使用許諾契約には、主に次の各号に掲げる内容が含まれる。 一、使用を許諾する権利の種類 二、使用を許諾する権利は独占使用権か非独占使用権か 三、使用を許諾する地理的範囲、期間 四、報酬支払基準及び方法 五、違約責任 六、当事者双方が約定を要すると認めるその他の内容

条	中文 2010 年著作権法	2010 年法日本語訳
27 条 (旧 25 条)	第二十五条 转让本法第十条第一款第（五）项至第（十七）项规定的权利，应当订立书面合同。 权利转让合同包括下列主要内容： （一）作品的名称； （二）转让的权利种类、地域范围； （三）转让价金； （四）交付转让价金的日期和方式； （五）违约责任； （六）双方认为需要约定的其他内容。	第二十五条 本法第十条第一項第五号乃至第十七号に定める権利の譲渡は、書面による契約を締結しなければならない。 譲渡契約には、主に次の各号に掲げる内容が含まれる。 一、著作物の題号 二、譲渡する権利の種類、地理的範囲 三、譲渡価額 四、譲渡額の支払日及び方法 五、違約責任 六、当事者双方が約定を要すると認めるその他の内容
28 条 (旧 26 条)	第二十六条　以著作权出质的，由出质人和质权人向国务院著作权行政管理部门办理出质登记。	第二十六条　著作権を目的として質権を設定する場合、質権設定者と質権者は、国務院著作権行政管理部門に質権登記手続を行わなければならない。
29 条 (旧 27 条)	第二十七条 许可使用合同和转让合同中著作权人未明确许可、转让的权	第二十七条 使用許諾契約及び譲渡契約において、著作権者が明確に許諾又は譲渡をして

中文 2020 年改正法	2020 年改正法日本語訳
第二十七条 转让本法第十条第一款第（五）项至第（十七）项规定的权利，应当订立书面合同。 权利转让合同包括下列主要内容： （一）作品的名称； （二）转让的权利种类、地域范围； （三）转让价金； （四）交付转让价金的日期和方式； （五）违约责任； （六）双方认为需要约定的其他内容。	第二十七条 本法第十条第一項第五号乃至第十七号に定める権利の譲渡は、書面による契約を締結しなければならない。 譲渡契約には、主に次の各号に掲げる内容が含まれる。 一、著作物の題号 二、譲渡する権利の種類、地理的範囲 三、譲渡価額 四、譲渡額の支払日及び方法 五、違約責任 六、当事者双方が約定を要すると認めるその他の内容
第二十八条 以著作权**中的财产权**出质的，由出质人和质权人**依法**办理出质登记。	第二十八条 著作権**の財産権**を目的として質権を設定する場合、質権設定者と質権者は**法に基づき**質権登記手続きを行わなければならない。
第二十九条 许可使用合同和转让合同中著作权人未明确许可、转让的	第二十九条 使用許諾契約及び譲渡契約において、著作権者が明確に許諾又は譲渡をしていない権利

条	中文 2010 年著作権法	2010 年法日本語訳
	利，未经著作权人同意，另一方当事人不得行使。	いない権利については、相手方当事者は著作権者の同意を得ずにこれを行使してはならない。
30 条（旧 28 条）	第二十八条　使用作品的付酬标准可以由当事人约定，也可以按照国務院著作权行政管理部门会同有关部门制定的付酬标准支付报酬。当事人约定不明确的，按照国務院著作权行政管理部门会同有关部门制定的付酬标准支付报酬。	第二十八条　著作物の使用報酬支払基準は当事者の約定により定めることができ、又国家著作権行政管理部門が関係部門と共同で制定した報酬支払基準に基づいて報酬を支払うこともできる。当事者の約定が不明確な場合、国家著作権行政管理部門が関係部門と共同で制定した報酬支払基準に基づき報酬を支払う。
31 条（旧 29 条）	第二十九条 出版者、表演者、录音录像制作者、广播电台、电视台等依照本法有关规定使用他人作品的，不得侵犯作者的署名权、修改权、保护作品完整权和获得报酬的	第二十九条 出版者、実演家、レコード・録画物製作者、ラジオ局・テレビ局等が、本法の関係規定に基づいて他人の著作物を使用する場合には、著作者の氏名表示権、改変権、同一性保持権及び報酬を受ける権利を侵

中文 2020 年改正法	2020 年改正法日本語訳
权利，未经著作权人同意，另一方当事人不得行使。	については、相手方当事者は著作権者の同意を得ずにこれを行使してはならない。
第三十条 使用作品的付酬标准可以由当事人约定，也可以按照国家著作权主管部门会同有关部门制定的付酬标准支付报酬。当事人约定不明确的，按照国家著作权主管部门会同有关部门制定的付酬标准支付报酬。	第三十条 著作物の使用報酬支払基準は当事者の約定により定めることができ、又国家著作権主管部門が関係部門と共同で制定した報酬支払基準に基づいて報酬を支払うこともできる。当事者の約定が不明確な場合、国家著作権主管部門が関係部門と共同で制定した報酬支払基準に基づき報酬を支払う。
第三十一条 出版者、表演者、录音录像制作者、广播电台、电视台等依照本法有关规定使用他人作品的，不得侵犯作者的署名权、修改权、保护作品完整权和获得报酬的权利。	第三十一条 出版者、実演家、レコード・録画物製作者、ラジオ局・テレビ局等が、本法の関係規定に基づいて他人の著作物を使用する場合には、著作者の氏名表示権、改変権、同一性保持権及び報酬を受ける権利を侵害してはならない。

条	中文2010年著作権法	2010年法日本語訳
	权利。	害してはならない。

第四章　著作隣接権

第四章著作隣接権　　第一節　　書籍及び新聞・定期刊行物の出版

条	中文2010年著作権法	2010年法日本語訳
32条（旧30条）	第三十条 图书出版者出版图书应当和著作权人订立出版合同，并支付报酬。	第三十条　書籍出版者は書籍を出版する場合に著作権者と出版契約を締結し、かつ報酬を支払わなければならない。
33条（旧31条）	第三十一条 图书出版者对著作权人交付出版的作品，按照合同约定享有的专有出版权受法律保护，他人不得出版该作品。	第三十一条　書籍出版者は、著作権者から出版用に渡された著作物について、契約により享有が約定された排他的出版権に基づき本法による保護を受ける。その他の者は、当該著作物を出版してはならない。
34条（旧32条）	第三十二条 著作权人应当按照合同约定期限交付作品。图书出版者应当按照合同约定的出版质量、期限出版图书。 图书出版者不按照合同约定期限出版，应当依	第三十二条 著作権者は契約に定める期限に従って著作物を引き渡さねばならない。書籍出版者は契約に定める出版の品質、期限に従い、書籍を出版しなければならない。 書籍出版者が契約に定める期限内に出版しない場合、本

中文 2020 年改正法	2020 年改正法日本語訳
第三十二条 图书出版者出版图书应当和著作权人订立出版合同，并支付报酬。	第三十二条　書籍出版者は書籍を出版する場合に著作権者と出版契約を締結し、かつ報酬を支払わなければならない。
第三十三条 图书出版者对著作权人交付出版的作品，按照合同约定享有的专有出版权受法律保护，他人不得出版该作品。	第三十三条 書籍出版者は、著作権者から出版用に渡された著作物について、契約により享有が約定された排他的出版権に基づき本法による保護を受ける。その他の者は、当該著作物を出版してはならない。
第三十四条 著作权人应当按照合同约定期限交付作品。图书出版者应当按照合同约定的出版质量、期限出版图书。图书出版者不按照合同约定期限出版，应当依照本法第六十一条的规	第三十四条 著作権者は契約に定める期限に従って著作物を引き渡さねばならない。書籍出版者は契約に定める出版の品質、期限に従い、書籍を出版しなければならない。 　書籍出版者が契約に定める期限内に出版しない場合、本法第六

条	中文 2010 年著作権法	2010 年法日本語訳
	照本法第五十三条的规定承担民事责任。 图书出版者重印、再版作品的，应当通知著作权人，并支付报酬。图书脱销后，图书出版者拒绝重印、再版的，著作权人有权终止合同。	法第五十三条の規定に基づき民事責任を負う。 書籍出版者が著作物を増刷又は再版する場合は、著作権者に通知し、かつ報酬を支払わなければならない。書籍が完売した後、書籍出版者が増刷又は再版を拒否した場合は、著作権者は当該契約を終了させる権利を有する。
35 条 (旧 33 条)	第三十三条 著作权人向报社、期刊社投稿的，自稿件发出之日起十五日内未收到报社通知决定刊登的，或者自稿件发出之日起三十日内未收到期刊社通知决定刊登的，可以将同一作品向其他报社、期刊社投稿。双方另有约定的除外。 作品刊登后，除著作权人声明不得转载、摘编的外，其他报刊可以转载或者作为文摘、资料	第三十三条 著作権者は、新聞社・定期刊行物出版社に投稿する際に、原稿発送日から15日以内に新聞社の掲載決定通知を受領しなかった場合、又は原稿発送日から30日以内に定期刊行物出版社の掲載決定通知を受領しなかった場合は、同一の著作物を他の新聞社・定期刊行物出版社に投稿することができる。但し、当事者双方に別段の定めがある場合はこの限りでない。 著作物が掲載された後、著作権者が転載又は編集をして

中文 2020 年改正法	2020 年改正法日本語訳
定承担民事责任。 图书出版者重印、再版作品的，应当通知著作权人，并支付报酬。图书脱销后，图书出版者拒绝重印、再版的，著作权人有权终止合同。	十一条の規定に基づき民事責任を負う。 書籍出版者が著作物を増刷又は再版する場合は、著作権者に通知し、かつ報酬を支払わなければならない。書籍が完売した後、書籍出版者が増刷又は再版を拒否した場合は、著作権者は当該契約を終了させる権利を有する。
第三十五条 著作权人向报社、期刊社投稿的，自稿件发出之日起十五日内未收到报社通知决定刊登的，或者自稿件发出之日起三十日内未收到期刊社通知决定刊登的，可以将同一作品向其他报社、期刊社投稿。双方另有约定的除外。 作品刊登后，除著作权人声明不得转载、摘编的外，其他报刊可以转载或者作为文摘、资料	第三十五条 著作権者は、新聞社・定期刊行物出版社に投稿する際に、原稿発送日から15日以内に新聞社の掲載決定通知を受領しなかった場合、又は原稿発送日から30日以内に定期刊行物出版社の掲載決定通知を受領しなかった場合は、同一の著作物を他の新聞社・定期刊行物出版社に投稿することができる。但し、当事者双方に別段の定めがある場合はこの限りでない。 著作物が掲載された後、著作権者が転載又は編集をしてはならない旨を表明している場合を除き、

条	中文 2010 年著作権法	2010 年法日本語訳
	刊登，但应当按照规定向著作权人支付报酬。	はならない旨を表明している場合を除き、他の新聞はこれを転載又はダイジェスト、若しくは資料として掲載することができる。但し、規定に基づき著作権者に報酬を支払わなければならない。
36 条（旧 34 条）	第三十四条 图书出版者经作者许可，可以对作品修改、删节。 报社、期刊社可以对作品作文字性修改、删节。对内容的修改，应当经作者许可。	第三十四条　書籍出版者は、著作権者の許諾を受けて、著作物の修正又は部分削除をすることができる。 新聞社・定期刊行物出版社は、著作物に対し文章の修正及び部分削除を行うことができる。内容の修正については、著作者の許諾を得なければならない。
37 条（旧 36 条、旧 35 条は削除）	第三十六条 出版者有权许可或者禁止他人使用其出版的图书、期刊的版式设计。 前款规定的权利的保护期为十年，截止于使用该版式设计的图书、期刊首次出版后第十年的	第三十六条 出版者は、その出版した図書・定期刊行物のレイアウトデザインを使用することを他人に許諾し、又は禁止する権利を有する。 前項に定める権利の保護期間は10年間とし、当該レイアウトデザインを使用する図

中文 2020 年改正法	2020 年改正法日本語訳
刊登，但应当按照规定向著作权人支付报酬。	他の新聞はこれを転載又はダイジェスト、若しくは資料として掲載することができる。但し、規定に基づき著作権者に報酬を支払わなければならない。
第三十六条 图书出版者经作者许可，可以对作品修改、删节。 报社、期刊社可以对作品作文字性修改、删节。对内容的修改，应当经作者许可。	第三十六条 書籍出版者は、著作権者の許諾を受けて、著作物の修正又は部分削除をすることができる。 新聞社・定期刊行物出版社は、著作物に対し文章の修正及び部分削除を行うことができる。内容の修正については、著作者の許諾を得なければならない。
第三十七条 出版者有权许可或者禁止他人使用其出版的图书、期刊的版式设计。 前款规定的权利的保护期为十年，截止于使用该版式设计的图书、期刊首次出版后第十年的	第三十七条 出版者は、その出版した図書・定期刊行物のレイアウトデザインを使用することを他人に許諾し、又は禁止する権利を有する。 前項に定める権利の保護期間は10年間とし、当該レイアウトデザインを使用する図書・定期刊行物

条	中文 2010 年著作権法	2010 年法日本語訳
	12月31日。	書・定期刊行物が最初に出版された日から起算して10年を経過した年の12月31日までとする。
第四章　著作隣接権　　第二節　　実演		
38 条（旧 37 条）	第三十七条 使用他人作品演出，表演者~~（演员、演出单位）~~应当取得著作权人许可，并支付报酬。演出组织者组织演出，由该组织者取得著作权人许可，并支付报酬。 ~~使用改编、翻译、注释、整理已有作品而产生的作品进行演出，应当取得改编、翻译、注释、整理作品的著作权人和原作品的著作权人许可，并支付报酬。~~	第三十七条 他人の著作物を利用して実演する場合、実演家~~（演者、演出事業単位）~~は著作権者の許諾を得なければならず、かつ報酬を支払わなければならない。公演主催者が公演を主催する場合、当該主催者は著作権者の許諾を得なければならず、かつ報酬を支払わなければならない。 ~~既存の著作物を翻案、翻訳、注釈、整理することで生じた著作物を利用して実演を行う場合、著作物を翻案、翻訳、注釈、整理した著作権者及び原著作物の著作権者の許諾を得なければならず、かつ報酬を支払わなければならない。~~
39 条	第三十八条 表演者对其表演享有下列权利:	第三十八条 実演家はその実演について次の各号に掲げる権

中文 2020 年改正法	2020 年改正法日本語訳
12月31日。	が最初に出版された日から起算して10年を経過した年の12月31日までとする。

第三十八条 使用他人作品演出,表演者应当取得著作权人许可,并支付报酬。演出组织者组织演出,由该组织者取得著作权人许可,并支付报酬。	第三十八条 他人の著作物を利用して実演する場合、実演家は著作権者の許諾を得なければならず、かつ報酬を支払わなければならない。公演主催者が公演を主催する場合、当該主催者は著作権者の許諾を得なければならず、かつ報酬を支払わなければならない。
第三十九条 表演者对其表演享有下列权利:	第三十九条 実演家はその実演について次の各号に掲げる権利を享

条	中文 2010 年著作権法	2010 年法日本語訳
(旧 38 条)	(一) 表明表演者身份; (二) 保护表演形象不受歪曲; (三) 许可他人从现场直播和公开传送其现场表演, 并获得报酬; (四) 许可他人录音录像, 并获得报酬; (五) 许可他人复制、发行、录有其表演的录音录像制品, 并获得报酬; (六) 许可他人通过信息网络向公众传播其表演, 并获得报酬。 被许可人以前款第 (三) 项至第 (六) 项规定的方式使用作品, 还应当取得著作权人许可, 并支付报酬。	利を享有する。 一、実演家の身分を表示する権利 二、実演イメージが歪曲されないよう保護する権利 三、他人が現場から実演を生放送及び公に伝達することを許諾し、かつ報酬を取得する権利 四、他人が録音録画することを許諾し、かつ報酬を取得する権利 五、その実演が収録されたレコード・録画物を複製、発行、することを他人に許諾し、かつ報酬を取得する権利 六、情報ネットワークを通じて他人がその実演を公衆に伝達することを許諾し、かつ報酬を取得する権利 許諾を受ける者は、前項第三号乃至第六号に定める方法により著作物を使用する場合、著作権者の許諾を得なけ

中文 2020 年改正法	2020 年改正法日本語訳
(一)表明表演者身份; (二)保护表演形象不受歪曲; (三)许可他人从现场直播和公开传送其现场表演,并获得报酬; (四)许可他人录音录像,并获得报酬; (五)许可他人复制、发行、出租录有其表演的录音录像制品,并获得报酬; (六)许可他人通过信息网络向公众传播其表演,并获得报酬。 被许可人以前款第(三)项至第(六)项规定的方式使用作品,还应当取得著作权人许可,并支付报酬。	有する。 一、実演家の身分を表示する権利 二、実演イメージが歪曲されないよう保護する権利 三、他人が現場から実演を生放送及び公に伝達することを許諾し、かつ報酬を取得する権利 四、他人が録音録画することを許諾し、かつ報酬を取得する権利 五、その実演が収録されたレコード・録画物を複製、発行、貸与することを他人に許諾し、かつ報酬を取得する権利 六、情報ネットワークを通じて他人がその実演を公衆に伝達することを許諾し、かつ報酬を取得する権利 許諾を受ける者は、前項第三号乃至第六号に定める方法により著作物を使用する場合、著作権者の許諾を得なければならず、かつ報酬を支払わなければならない。

条	中文 2010 年著作権法	2010 年法日本語訳
		ればならず、かつ報酬を支払わなければならない。
40 条（新設）		
41 条（旧 39 条）	第三十九条　本法第三十七条第一款第(一)项、第(二)项规定的权利的保护期不受限制。 本法第三十七条第一款第(三)项至第(六)项规定的权利的保护期为五十年，截止于该表演发生后第五十年的12月31	第三十九条　本法第三十七条第一項第一号、第二号に定める権利の保護期間は制限を受けない。 本法第三十七条第一項第三号乃至第六号に定める権利の保護期間は50年間とし、当該実演が発生した日から起算して50年が経過した年の12月31日

中文 2020 年改正法	2020 年改正法日本語訳
第四十条　演员为完成本演出单位的演出任务进行的表演为职务表演，演员享有表明身份和保护表演形象不受歪曲的权利，其他权利归属由当事人约定。当事人没有约定或者约定不明确的，职务表演的权利由演出单位享有。 职务表演的权利由演员享有的，演出单位可以在其业务范围内免费使用该表演。	第四十条　演者が実演事業体の出演業務を果たすために行う実演は職務実演であり、演者は氏名表示権と実演イメージが歪曲されない権利を有するが、その他の権利の帰属は当事者の定めるところによる。当事者間で定めが無い又は定めが不明確な場合、実演事業体が職務実演の権利を享有する。 　職務実演の権利を演者が享有する場合は、実演事業体は当該実演をその業務範囲内においては無償で利用することが出来る。
第四十一条 本法第三十九条第一款第(一)项、第(二)项规定的权利的保护期不受限制。 本法第三十九条第一款第(三)项至第(六)项规定的权利的保护期为五十年，截止于该表演发生后第五十年的12月31日。	第四十一条 本法第三十九条第一項第一号、第二号に定める権利の保護期間は制限を受けない。 本法第三十九条第一項第三号乃至第六号に定める権利の保護期間は50年間とし、当該実演が発生した日から起算して50年が経過した年の12月31日までとする。

条	中文 2010 年著作権法	2010 年法日本語訳
	日。	までとする。
第四章　著作隣接権　第三節　録音録画		
42 条（旧 40 条）	第四十条　录音录像制作者使用他人作品制作录音录像制品，应当取得著作权人许可，并支付报酬。 ~~录音录像制作者使用改编、翻译、注释、整理已有作品而产生的作品，应当取得改编、翻译、注释、整理作品的著作权人和原作品著作权人许可，并支付报酬。~~ 录音制作者使用他人已经合法录制为录音制品的音乐作品制作录音制品，可以不经著作权人许可，但应当按照规定支付报酬；著作权人声明不许使用的不得使用。	第四十条 レコード・録画物製作者が、他人の著作物を利用してレコード・録画物を製作する場合、著作権者の許諾を得なければならず、かつ報酬を支払わなければならない。 ~~レコード・録画物製作者が、著作物を翻案、翻訳、注釈、整理することで生じた著作物を利用する場合、著作物を翻案、翻訳、注釈、整理した著作権者及び原著作物の著作権者の許諾を得なければならず、かつ報酬を支払わなければならない。~~ レコード製作者が、レコードとして合法的な既に収録済みの他人の音楽作品を使用してレコードを製作する場合、著作権者の許諾を得ることを要しないが、規定に従い報酬を支払わなければならない。著作者が使用を許諾しない旨

中文 2020 年改正法	2020 年改正法日本語訳
第四十二条 录音录像制作者使用他人作品制作录音录像制品，应当取得著作权人许可，并支付报酬。 录音制作者使用他人已经合法录制为录音制品的音乐作品制作录音制品，可以不经著作权人许可，但应当按照规定支付报酬；著作权人声明不许使用的不得使用。	第四十二条 レコード・録画物製作者が、他人の著作物を利用してレコード・録画物を製作する場合、著作権者の許諾を得なければならず、かつ報酬を支払わなければならない。 レコード製作者が、レコードとして合法的な既に収録済みの他人の音楽作品を使用してレコードを製作する場合、著作権者の許諾を得ることを要しないが、規定に従い報酬を支払わなければならない。著作権者が使用を許諾しない旨を表明している場合、これを使用してはならない。

条	中文2010年著作権法	2010年法日本語訳
		を表明している場合、これを使用してはならない。
43条（旧41条）	第四十一条 录音录像制作者制作录音录像制品，应当同表演者订立合同，并支付报酬。	第四十一条 レコード・録画物製作者がレコード・録画物を製作するときは、実演者と契約を締結しなければならず、かつ報酬を支払わなければならない。
44条（旧42条）	第四十二条 录音录像制作者对其制作的录音录像制品，享有许可他人复制、发行、出租、通过信息网络向公众传播并获得报酬的权利；权利的保护期为五十年，截止于该制品首次制作完成后第五十年的12月31日。 被许可人复制、发行、通过信息网络向公众传播录音录像制品，还应当取得著作权人、表演者许可，并支付报酬。	第四十二条 レコード・録画物製作者は、その製作したレコード・録画物に対して、他人に複製、発行、貸与、情報ネットワークを通じた公衆への伝達を許諾し、かつ報酬請求権を享有する。当該権利の保護期間は50年とし、当該製品が最初に製作を完成した日から起算して50年を経過した年の12月31日までとする。 許諾を得た者は、レコード・録画物を複製、発行、情報ネットワークを通じた公衆への伝達を行う場合、著作権者及び実演者の許諾を得なければならず、かつ報酬を支払

中文 2020 年改正法	2020 年改正法日本語訳
第四十三条　录音录像制作者制作录音录像制品，应当同表演者订立合同，并支付报酬。	第四十三条　レコード・録画物製作者がレコード・録画物を製作するときは、実演者と契約を締結しなければならず、かつ報酬を支払わなければならない。
第四十四条　录音录像制作者对其制作的录音录像制品，享有许可他人复制、发行、出租、通过信息网络向公众传播并获得报酬的权利；权利的保护期为五十年，截止于该制品首次制作完成后第五十年的12月31日。 被许可人复制、发行、通过信息网络向公众传播录音录像制品，**还当同时**取得著作权人、表演者许可，并支付报酬。**被许可人出租录音录像制品，还应当取得**	第四十四条　レコード・録画物製作者は、その製作したレコード・録画物に対して、他人に複製、発行、貸与、情報ネットワークを通じた公衆への伝達を許諾し、かつ報酬請求権を享有する。当該権利の保護期間は50年とし、当該製品が最初に製作を完成した日から起算して50年を経過した年の12月31日までとする。 許諾を得た者は、レコード・録画物を複製、発行、情報ネットワークを通じた公衆への伝達を行う場合、**同時に**著作権者及び実演者の許諾を得なければならず、かつ報酬を支払わなければならない。**許諾を得た者はレコード・録画物**

条	中文 2010 年著作権法	2010 年法日本語訳
		わなければならない。
45 条（新設）		
第四章　著作隣接権　第四節　ラジオ局・テレビ局の放送		
46 条（旧 43 条）	第四十三条 广播电台、电视台播放他人未发表的作品，应当取得著作权人许可，并支付报酬。 广播电台、电视台播放他人已发表的作品，可以不经著作权人许可，但应当支付报酬。	第四十三条ラジオ局・テレビ局は公表されていない他人の著作物を放送する場合、著作権者の許諾を得なければならず、かつ報酬を支払わなければならない。 放送局・テレビ局は、公表済みの他人の著作物を放送する場合、著作権者の許諾を得ることを要しないが、報酬を支払わなければならない。
47 条（旧 45 条、	第四十五条　广播电台、电视台有权禁止未经其许可的下列行为:	第四十五条　ラジオ局・テレビ局は、許諾を受けていない次の各号に掲げる行為を禁止

中文 2020 年改正法	2020 年改正法日本語訳
表演者许可，并支付报酬。	を貸与する場合、実演家の許諾も得なければならず、かつ報酬を支払わなければならない。
第四十五条 将录音制品用于有线或者无线公开传播，或者通过传送声音的技术设备向公众播送的，应当向录音制作者支付报酬。	第四十五条　レコードを、有線または無線により公に伝達し、または音を伝達する技術機器により公衆に伝達する場合は、レコード製作者に報酬を支払わなければならない。
第四十六条 广播电台、电视台播放他人未发表的作品，应当取得著作权人许可，并支付报酬。 广播电台、电视台播放他人已发表的作品，可以不经著作权人许可，但应当按照规定支付报酬。	第四十六条　ラジオ局・テレビ局は公表されていない他人の著作物を放送する場合、著作権者の許諾を得なければならず、かつ報酬を支払わなければならない。 放送局・テレビ局は、公表済みの他人の著作物を放送する場合、著作権者の許諾を得ることを要しないが、規定に基づき報酬を支払わなければならない。
第四十七条 广播电台、电视台有权禁止未经其许可的下列行为:	第四十七条 ラジオ局・テレビ局は、許諾を得ていない次の各号の行為を禁止する権利を有する。

条	中文 2010 年著作権法	2010 年法日本語訳
旧 44 条は削除）	(一) 将其播放的广播、电视转播; (二) 将其播放的广播、电视录制在音像载体上以及复制音像载体。 前款规定的权利的保护期为五十年,截止于该广播、电视首次播放后第五十年的12月31日。	する権利を有する。 一、そのラジオ放送、テレビ放送を再放送すること 二、そのラジオ放送、テレビ放送を音声映像媒体に録音録画すること、及び当該録音録画媒体を複製すること 前項に定める権利の保護期間は50年とし、当該ラジオ・テレビ番組が最初に放送された日から起算して50年が経過した年の12月31日までとする。
48 条（旧 46 条）	第四十六条 电视台播放他人的电影作品和以类似摄制电影的方法创作的作品、录像制品，应当取得制片者或者录像制	第四十六条 テレビ局が他人の映画著作物及び映画の撮影制作に類する方法により創作された著作物、録画物を放送する場合は、製作者又は録画物製作者の許諾を得なければな

中文2020年改正法	2020年改正法日本語訳
(一)　将其播放的广播、电视有线或者无线方式转播; (二) 将其播放的广播、电视录制以及复制; (三) 将其播放的广播、电视通过信息网络向公众传播。 广播电台、电视台行使前款规定的权利，不得影响、限制或者侵害他人行使著作权或者与著作权有关的权利。 本条第一款规定的权利的保护期为五十年,截止于该广播、电视首次播放后第五十年的12月31日。	一、そのラジオ放送、テレビ放送を有線または無線で再放送すること 二、そのラジオ放送、テレビ放送を録音録画、複製すること 三、そのラジオ放送、テレビ放送を情報ネットワークにより公衆に伝達すること ラジオ局、テレビ局は、前項の権利を行使するにあたり、他者の著作権または著作隣接権の行使に影響を与えたり、制限または侵害をしてはならない。 本条第一項に定める権利の保護期間は50年とし、当該ラジオ、テレビが最初に放送された日から起算して50年が経過した年の12月31日までとする。
第四十八条 电视台播放他人的视听作品、录像制品,应当取得视听作品著作权人或者录像制作者许可,并支付报酬; 播放他人的录像制品,还应	第四十八条 テレビ局が他人の視聴覚著作物、録画物を放送する場合は、視聴覚著作物の著作権者又は録画物製作者の許諾を得なければならず、かつ報酬を支払わなければならない。他人の録画物を放

条	中文 2010 年著作権法	2010 年法日本語訳
	作者许可，并支付报酬；播放他人的录像制品，还应当取得著作权人许可，并支付报酬。	らず、かつ報酬を支払わなければならない。他人の録画物を放送する場合は、著作権者の許諾を得なければならず、かつ報酬を支払わなければならない。

第五章　著作権及び著作隣接権の保護←(旧)法的責任及び執行措置

条	中文 2010 年著作権法	2010 年法日本語訳
49 条（新設）		

中文 2020 年改正法	2020 年改正法日本語訳
当取得著作权人许可，并支付报酬。	送する場合は、著作権者の許諾を得なければならず、かつ報酬を支払わなければならない。

第四十九条 为保护著作权和与著作权有关的权利，权利人可以采取技术措施。 未经权利人许可，任何组织或者个人不得故意避开或者破坏技术措施，不得以避开或者破坏技术措施为目的制造、进口或者向公众提供有关装置或者部件，不得故意为他人避开或者破坏技术措施提供技术服务。但是，法律、行政法规规定可以避开的情形除外。 本法所称的技术措施，是	第四十九条　著作権及び著作隣接権を保護することを目的として、権利者は技術的保護手段を採ることが出来る。 権利者の許可なく、いかなる組織または個人も技術的保護手段を故意に回避または破棄してはならず、技術的保護手段を回避または破棄する機器や部品を故意に製造、輸入、または公衆に提供してはならず、技術的保護手段を回避または破棄する技術サービスを故意に他者に提供してはならない。但し、法律、行政規則により回避が認められている場合は除く。 本法における技術的保護手段とは、権利者の許可なしに著作物、

条	中文 2010 年著作権法	2010 年法日本語訳
50 条（　新設）		

中文 2020 年改正法	2020 年改正法日本語訳
指用于防止、限制未经权利人许可浏览、欣赏作品、表演、录音录像制品或者通过信息网络向公众提供作品、表演、录音录像制品的有效技术、装置或者部件。	実演、レコード・録画物を閲覧、鑑賞すること、または情報ネットワークを通じて公衆に著作物、実演、レコード・録画物を提供することを防止、制限するために講じる有効な技術、装置または部品をいう。
第五十条 下列情形可以避开技术措施,但不得向他人提供避开技术措施的技术、装置或者部件,不得侵犯权利人依法享有的其他权利: （一）为学校课堂教学或者科学研究，提供少量已经发表的作品，供教学或者科研人员使用，而该作品无法通过正常途径获取; （二）不以营利为目的，以阅读障碍者能够感知的无障碍方式向其提供已经发表的作品，而该作品无	第五十条　次の各号に掲げる状況においては、技術的保護手段を回避することができる。ただし、他人に対し技術的保護手段を回避する技術、装置、又は部品を提供してはならず、権利者が法に基づいて享受するその他の権利を侵害してはならない。 一、学校の教室における授業又は科学研究のために、教員や科学研究に向けてすでに公表された著作物を少量提供する場合で、当該著作物を正常なルートを通じて取得できない場合 二、営利目的ではなく、読書障害者が感知できるバリアフリーの方法で当該障害者に対してすでに公

条	中文 2010 年著作権法	2010 年法日本語訳
51 条（新設）		

中文 2020 年改正法	2020 年改正法日本語訳
法通过正常途径获取； （三）国家机关依照行政、监察、司法程序执行公务； （四）对计算机及其系统或者网络的安全性能进行测试； （五）进行加密研或者计算机软件反向工程研究。 前款规定适用于对与著作权有关的权利的限制。	表されている著作物を提供する場合で、当該著作物が正常なルートを通じて取得できない場合 三、国家機関が行政、監察、司法手続きに基づいて公務を執行する場合 四、コンピュータ及びそのシステム又はインターネットのセキュリティ性能のテストを行う場合 五、暗号化又はコンピュータソフトウェアのリバースエンジニアリング研究を行う場合。 前項の規定は著作隣接権の制限に適用する
第五十一条 未经权利人许可,不得进行下列行为: (一)故意删除或者改变作品、版式设计、表演、录音录像制品或者广播、电视的权利管理信息,但由于技术上的原因无法避免的除外;	第五十一条　権利者の許諾を得ずに、次の各号に掲げる行為を行なってはならない。 一、著作物、版面のレイアウト、実演、レコード・録画物又はラジオ放送・テレビ放送の権利管理情報を故意に削除、改変すること。ただし、技術的原因により削除又は改変を回避できない場合はこの限りでない。

条	中文 2010 年著作権法	2010 年法日本語訳
52 条 (旧 47 条)	第四十七条　有下列侵权行为的，应当根据情况，承担停止侵害、消除影响、赔礼道歉、赔偿 损失等民事责任： （一）未经著作权人许可，发表其作品的； （二）未经合作作者许可，将与他人合作创作的作品当作自己单独创作的作品发表的； （三）没有参加创作，为谋取个人名利，在他人作品上署名的； （四）歪曲、篡改他人作品的；	第四十七条　次の各号に掲げる権利侵害行為がある場合には、情状により侵害の停止、影響の除去、謝罪、損害賠償等の民事責任を負わなければならない。 一、著作権者の許諾を得ずに、その著作物を公表した場合 二、共同著作者の許諾を得ずに他人と共同で創作した著作物を自ら単独で創作した著作物として公表した場合 三、創作に参加せずに、個人の名誉と利益のために、他人の著作物に氏名を表示した場合 四、他人の著作物を歪曲、改ざんした場合

中文 2020 年改正法	2020 年改正法日本語訳
(二)知道或者应当知道作品、版式设计、表演、录音录像制品或者广播、电视上的权利管理信息未经许可被删除或者改变,仍然向公众提供。	二、許諾を得ずに権利管理情報の削除又は改変がなされたことを知りながら、又は知っているはずでありながら、著作物、版面のレイアウト、実演、レコード・録画物又はラジオ放送・テレビ放送を公衆提供すること。
第五十二条 有下列侵权行为的,应当根据情况,承担停止侵害、消除影响、赔礼道歉、赔偿损失等民事责任: (一)未经著作权人许可,发表其作品的; (二)未经合作作者许可,将与他人合作创作的作品当作自己单独创作的作品发表的; (三)没有参加创作,为谋取个人名利,在他人作品上署名的; (四)歪曲、篡改他人作品的;	**第五十二条** 次の各号に掲げる権利侵害行為がある場合には、情状により侵害の停止、影響の除去、謝罪、損害賠償等の民事責任を負わなければならない。 一、著作権者の許諾を得ずに、その著作物を公表した場合 二、共同著作者の許諾を得ずに他人と共同で創作した著作物を自ら単独で創作した著作物として公表した場合 三、創作に参加せずに、個人の名誉と利益のために、他人の著作物に氏名を表示した場合 四、他人の著作物を歪曲、改ざんした場合

条	中文 2010 年著作権法	2010 年法日本語訳
	（五）剽窃他人作品的； （六）未经著作权人许可，以展览、摄制电影和以类似摄制电影的方法使用作品，或者以改编、 翻译、注释等方式使用作品的，本法另有规定的除外； （七）使用他人作品，应当支付报酬而未支付的； （八）未经电影作品和以类似摄制电影的方法创作的作品、计算机软件、录音录像制品的著作权人或者与著作权有关的权利人许可，出租其作品或者录音录像制品的，本法另有规定的除外；	五、他人の著作物を盗用した場合 六、著作権者の許諾を得ずに、展示、映画の撮影製作及び映画の撮影製作に類する方法により著作物を使用し、又は翻案、翻訳、注釈等の方法により著作物を使用した場合、 但し本法に別途規定がある場合はこの限りでない。 七、他人の著作物を使用し、報酬を支払わねばならないにもかかわらず、それを支払わなかった場合 八、映画著作物及び映画の撮影製作に類する方法により創作された著作物、コンピュータソフトウェア、レコード・録画物の著作権者、或いは著作隣接権者の許諾を得ずに、その著作物又はレコード・録画物を貸与した場合、但し本法に別段の定めがある場合はこの限りでない。

中文 2020 年改正法	2020 年改正法日本語訳
(五)剽窃他人作品的; (六)未经著作权人许可,以展览、摄制**视听作品**的方法使用作品,或者以改编、翻译、注释等方式使用作品的,本法另有规定的除外; (七)使用他人作品,应当支付报酬而未支付的; (八) 未经**视听作品**、计算机软件、录音录像制品的著作权人、**表演者或者录音录像制作者许可**,出租其作品或者录音录像制品的**原件或者复制件的**,本法另有规定的除外;	五、他人の著作物を盗用した場合 六、著作権者の許諾を得ずに、展示、**視聴覚著作物の撮影制作**方法により著作物を使用し、又は翻案、翻訳、注釈等の方法により著作物を使用した場合、但し本法に別途規定がある場合はこの限りでない。 七、他人の著作物を使用し、報酬を支払わねばならないにもかかわらず、それを支払わなかった場合 八、**視聴覚著作物**、コンピュータソフトウェア、レコード・録画物の著作権者、**実演家又はレコード・録画物製作者**の許諾を得ずに、その著作物又はレコード・録画物**の原作品または複製物**を貸与した場合、但し本法に別段の定めがある場合はこの限りでない。

条	中文 2010 年著作権法	2010 年法日本語訳
	（九）未经出版者许可，使用其出版的图书、期刊的版式设计的； （十）未经表演者许可，从现场直播或者公开传送其现场表演，或者录制其表演的； （十一）其他侵犯著作权以及与著作权有关的权益的行为	九、出版者の許諾を得ずに、その出版された図書・定期刊行物のレイアウトデザインを使用した場合 十、実演家の許諾を得ずに、現場から生放送又は現場の実演を公開中継した場合、或いはその実演を収録した場合 十一、著作権及び著作隣接権にかかるその他の権益侵害行為
53 条（旧 48 条）	第四十八条　有下列侵权行为的，应当根据情况，承担停止侵害、消除影响、赔礼道歉、赔偿损失等民事责任；同时损害公共利益的，可以由著作权行政管理部门责令停止侵权行为，没收违法所得，没收、销毁侵权复制品，并可处以罚款；情节严重的，著作权行政管理部门还可以没收主要用于制作侵权复制品的材	第四十八条 次の各号に掲げる権利侵害行為がある場合には、状況に応じて侵害の停止、影響の除去、謝罪、損害賠償等の民事責任を負わなければならない。同時に公共の利益を害したものは、著作権行政管理部門がその権利侵害行為の停止を命じ違法収入を没収し、権利侵害にかかる複製品を没収、破棄し、かつ罰金に処することができる。情状が深刻な場合には、著作権行政管理部門は、主に権利侵

中文 2020 年改正法	2020 年改正法日本語訳
(九)未经出版者许可,使用其出版的图书、期刊的版式设计的; (十)未经表演者许可,从现场直播或者公开传送其现场表演,或者录制其表演的; (十一)其他侵犯著作权以及与著作权有关的权利的行为。	九、出版者の許諾を得ずに、その出版された図書・定期刊行物のレイアウトデザインを使用した場合 十、実演家の許諾を得ずに、現場から生放送又は現場の実演を公開中継した場合、或いはその実演を収録した場合 十一、著作権及び著作隣接権にかかるその他の権利侵害行為
第五十三条　有下列侵权行为的，应当根据情况，承担本法第五十二条规定的民事责任；侵权行为同时损害公共利益的，由主管著作权的部门责令停止侵权行为，予以警告，没收违法所得，没收、无害化销毁处理侵权复制品以及主要用于制作侵权复制品的材料、工具、设备等，违法经营额五万元以上的，可以并处	第五十三条 次の各号に掲げる権利侵害行為がある場合には、状況に応じて本法第52条に規定する民事責任を負わなければならない。公共の利益も同時に侵害した場合は、著作権主管部門は、その権利侵害行為の停止を命じ、警告を行い、違法収入を没収し、主として権利侵害にかかる複製品及び複製品の製作に用いられた材料、工具、設備等を没収、無害化して廃棄し、違法な売上高が5万元以上の場合は売上高の1倍以上5倍以下の罰金に処することができる。違

条	中文 2010 年著作権法	2010 年法日本語訳
	料、工具、设备等；构成犯罪的，依法追究刑事责任： （一）未经著作权人许可，复制、发行、表演、放映、广播、汇编、通过信息网络向公众传播其作品的，本法另有规定的除外； （二）出版他人享有专有出版权的图书的； （三）未经表演者许可，复制、发行录有其表演的录音录像制品，或者通过信息网络向公众传播其表演的，本法另有规定的除外； （四）未经录音录像制作者许可，复制、发行、通过信息网络向公众传播其制作的录音录像制品的，本法另有规定的除外；	害にかかる複製品の制作に用いられた材料、工具、設備等を没収することができる。犯罪を構成する場合は、法により刑事責任を追及する。 一、著作権者の許諾を得ずに、その著作物を複製、発行、実演、上映、放送、編集し、情報ネットワークを通じて公衆に伝達した場合、但し本法に別途規定がある場合はこの限りでない。 二、他人が専用出版権を享有する図書を出版した場合 三、実演家の許諾を得ずに、その実演が収録されたレコード・録画物を複製、発行し、或いは情報ネットワークを通じて公衆に伝達した場合、但し本法に別途規定がある場合はこの限りでない。 四、レコード・録画物製作者の許諾を得ずに、その製作したレコード・録画物を複製、発行し、或いは情報ネットワ

中文 2020 年改正法	2020 年改正法日本語訳
违法经营额一倍以上五倍以下的罚款；没有违法经营额、违法经营额难以计算或者不足五万元的，可以并处二十五万元以下的罚款；构成犯罪的，依法追究刑事责任： （一）未经著作权人许可，复制、发行、表演、放映、广播、汇编、通过信息网络向公众传播其作品的，本法另有规定的除外； （二）出版他人享有专有出版权的图书的； （三）未经表演者许可，复制、发行录有其表演的录音录像制品，或者通过信息网络向公众传播其表演的，本法另有规定的除外； （四）未经录音录像制作者许可，复制、发行、通	法な売上がない、違法売上高の計算が困難、または違法売上高が5万元に満たない場合は25万元以下の罰金に処することができる。犯罪を構成する場合は、法により刑事責任を追及する。 一、著作権者の許諾を得ずに、その著作物を複製、発行、実演、上映、放送、編集し、情報ネットワークを通じて公衆に伝達した場合、但し本法に別途規定がある場合はこの限りでない。 二、他人が専用出版権を享有する図書を出版した場合 三、実演家の許諾を得ずに、その実演が収録されたレコード・録画物を複製、発行し、或いは情報ネットワークを通じて公衆に伝達した場合、但し本法に別途規定がある場合はこの限りでない。 四、レコード・録画物製作者の許諾を得ずに、その製作したレコード・録画物を複製、発行し、或いは情報ネットワークを通じて公衆に伝達した場合、但し本法に別途

条	中文 2010 年著作権法	2010 年法日本語訳
	（五）未经许可，播放或者复制广播、电视的，本法另有规定的除外； （六）未经著作权人或者与著作权有关的权利人许可，故意避开或者破坏~~权利人为其作品、录 音录像制品等采取的保护著作权或者与著作权有关的权利的~~技术措施的，法律、行政法规另有规定的除外； （七）未经著作权人或者与著作权有关的权利人许可，故意删除或者改变作品、录音录像制品 等的权利管理~~电子~~信息的，法律、行政法规另有规定的除外； （八）制作、出售假冒他人署名的作品的	ークを通じて公衆に伝達した場合、但し本法に別途規定がある場合はこの限りでない。 五、許諾を得ずにラジオ、テレビを放送又は複製した場合。但し本法に別途規定がある場合はこの限りでない。 六、著作権者又は著作隣接権者の許諾を得ずに、~~権利者がその著作物やレコード・録画物に採用している著作権又は著作隣接権を保護するための~~技術的保護手段を故意に回避し、或いは除去した場合、但し法律・行政法規に別段の定めがある場合はこの限りでない。 七、著作権者又は著作隣接権者の許諾を得ずに、著作物やレコード・録画物等の権利管理~~電子~~情報を故意に削除或いは改変した場合、但し法律・行政法規に別段の定めがある場合はこの限りでない。 八、他人の氏名表示を詐称し

中文 2020 年改正法	2020 年改正法日本語訳
过信息网络向公众传播其制作的录音录像制品的，本法另有规定的除外； （五）未经许可，播放、复制**或者通过信息网络向公众传播**广播、电视的，本法另有规定的除外； （六）未经著作权人或者与著作权有关的权利人许可，故意避开或者破坏技术措施的，**故意制造、进口或者向他人提供主要用于避开、破坏技术措施的装置或者部件的，或者故意为他人避开或者破坏技术措施提供技术服务的，**法律、行政法规另有规定的除外； （七）未经著作权人或者与著作权有关的权利人许可，故意删除或者改变作品、**版式设计、表演、录**	規定がある場合はこの限りでない。 五、許諾を得ずにラジオ、テレビを放送、複製**又は情報ネットワークにより公衆に伝達**した場合。但し本法に別途規定がある場合はこの限りでない。 六、著作権者又は著作隣接権者の許諾を得ずに、技術的保護手段を故意に回避、除去する場合、**技術的保護手段を回避または除去するために主に使用される機器もしくは部品を故意に製造、輸入、他者へ提供または技術的保護手段を回避もしくは除去する技術サービスを他者に故意に提供する**場合、但し法律・行政法規に別段の定めがある場合はこの限りでない。 七、著作権者又は著作隣接権者の許諾を得ずに、著作物、**版面のレイアウト、実演、**レコード・録画物或いは**ラジオ放送、テレビ放送**の権利管理情報を故意に削除或いは改変した場合。**著作物、版面のレイアウト、実演、レコード・録**

条	中文 2010 年著作権法	2010 年法日本語訳
		た著作物を製作、販売した場合
54 条（旧 49 条）	第四十九条 侵犯著作权或者与著作权有关的权利的，侵权人应当按照权利人的实际损失给予 赔偿；实际损失难以计算的，可以按照侵权人的违法所得给予赔偿。赔偿数额还应当包括权利人为制止侵权行为所支付的合理开支。 权利人的实际损失或者侵权人的违法所得不能	第四十九条 著作権又は著作隣接権を侵害した場合は、権利侵害者は権利者の実質的損失に基づいて損害賠償しなければならない。実質的損失の算出が困難であるときは、権利侵害者の違法収入に応じて損害賠償を行うことができる。賠償額には、権利者が権利侵害行為を制止するために支払った合理的支出を含めるものとする。

中文 2020 年改正法	2020 年改正法日本語訳
音录像制品或者广播、电视上的权利管理信息的，知道或者应当知道作品、版式设计、表演、录音录像制品或者广播、电视上的权利管理信息未经许可被删除或者改变，仍然向公众提供的，法律、行政法规另有规定的除外； （八）制作、出售假冒他人署名的作品的。	画物或いはラジオ放送、テレビ放送の権利管理情報を許諾を得ずに削除或いは改変していることを知りながら、又は知っているはずでありながら、公衆に提供した場合。但し法律・行政法規に別段の定めがある場合はこの限りでない。 八、他人の氏名表示を詐称した著作物を製作、販売した場合
第五十四条　侵犯著作权或者与著作权有关的权利的，侵权人应当按照权利人因此受到的实际损失或者侵权人的违法所得给予赔偿；权利人的实际损失或者侵权人的违法所得难以计算的，可以参照该权利使用费给予赔偿。对故意侵犯著作权或者与著作权有关的权利，情节严重	第五十四条　著作権又は著作隣接権を侵害した場合は、権利侵害者は権利者が当該侵害行為により受けた実質的損失または権利侵害者が違法に得た収入に応じて損害賠償しなければならない。権利者の実際の損失または侵害者が違法に得た収入を算定することが困難な場合、権利許諾料を参照して、損害賠償を定めることが出来る。著作権または著作隣接権侵害が故意で、重大な場合の損外賠償は、前

条	中文 2010 年著作権法	2010 年法日本語訳
	确定的，由人民法院根据侵权行为的情节，判决 给予五十万元以下的赔偿。	権利者の実質的損失又は権利侵害者の違法収入を確定することができない場合は、人民法院が侵害行為の情状により 50 万元以下の損害賠償額を認定する。

中文 2020 年改正法	2020 年改正法日本語訳
的，可以在按照上述方法确定数额的一倍以上五倍以下给予赔偿。 权利人的实际损失、侵权人的违法所得、权利使用费难以计算的，由人民法院根据侵权行为的情节，判决给予五百元以上五百万元以下的赔偿。 赔偿数额还应当包括权利人为制止侵权行为所支付的合理开支。 人民法院为确定赔偿数额，在权利人已经尽了必要举证责任，而与侵权行为相关的账簿、资料等主要由侵权人掌握的，可以责令侵权人提供与侵权行为相关的账簿、资料等；侵权人不提供，或者提供虚假的账簿、资料等的，人民法院可以参考权利人的主张和提供的证据确定	述の決定金額の1倍以上5倍以下とすることが出来る。 権利者の実質的損失、権利侵害者の違法な収入、権利許諾料を算定することが困難な場合は、人民法院が侵害行為の状況に応じて500元以上500万元以下の損害賠償額を認定する。 賠償額には、権利者が権利侵害行為を制止するために支払った合理的支出を含めるものとする。 権利者が必要な挙証責任を果たしているにもかかわらず、侵害行為に関する主要な帳簿や資料等が主に侵害者の元にある場合、人民法院は賠償金額を確定するために、侵害行為に関する帳簿や資料の提出を侵害者に命じることが出来る。侵害者が提出しない場合、または虚偽の帳簿や資料等を提供した場合、人民法院は権利者の主張と提出された証拠を参照して賠償金額を定めることが出来る。 人民法院は、著作権訴訟の審理にあたり、権利者の請求に応じ

条	中文 2010 年著作権法	2010 年法日本語訳
55 条（新設）		

中文 2020 年改正法	2020 年改正法日本語訳
赔偿数额。 人民法院审理著作权纠纷案件，应权利人请求，对侵权复制品，除特殊情况外，责令销毁；对主要用于制造侵权复制品的材料、工具、设备等，责令销毁，且不予补偿；或者在特殊情况下，责令禁止前述材料、工具、设备等进入商业渠道，且不予补偿。	て、特別な事情がある場合を除いて、侵害複製物を破棄することを命じる。また、権利侵害に関わる複製物の製造に主に使う材料、工具、設備等を破棄することを命じ、その補償は行わない。特別な事情がある場合、前述の材料、工具、設備等を商業ルートに載せることを禁止し、それについての補償はしない。
第五十五条　主管著作权的部门对涉嫌侵犯著作权和与著作权有关的权利的行为进行查处时，可以询问有关当事人，调查与涉嫌违法行为有关的情况；对当事人涉嫌违法行为的场所和物品实施现场检查；查阅、复制与涉嫌违法行为有关的	第五十五条　著作権主管部門は、著作権および著作隣接権侵害の疑いのある行為の調査および処分を行う場合、関係当事者者に尋問し違法の疑いのある行為に係る状況を調査すること、違法行為の疑いのある場所および物品の立入検査を実施すること、疑いのある違法行為に関する契約書、領収書、台帳及びその他の関連資料を調査・

条	中文 2010 年著作権法	2010 年法日本語訳
56 条 （旧 50 条）	第五十条 著作权人或者与著作权有关的权利人有证据证明他人正在实施或者即将实施侵犯其 权利的行为，如不及时制止将会使其合法权益受到难以弥补的损害的，可以在起诉前向人民法院申请采取**责令停止有关行为和财产保全的措施。** ~~人民法院处理前款申请，适用《中华人民共和国民事诉讼法》第九十三条至第九十六条和第九十九条的规定。~~	第五十条 著作権者又は著作隣接権者は、他人がその権利侵害行為を現に行っている、 又はまさに行おうとしていることを立証できる証拠を有しており、これを直ちに制止しなければ、その合法的権益を補填しがたい損害を被るおそれがある場合は、提訴する前に人民法院に**関係行為の停止と財産の保全措置命令**を採るよう請求することができる。 ~~人民法院が前項の請求を処理するにあたっては、「中華人民共和国民事訴訟法」第 93 条から第 96 条及び第 99 条~~

中文 2020 年改正法	2020 年改正法日本語訳
合同、发票、账簿以及其他有关资料;对于涉嫌违法行为的场所和物品,可以查封或者扣押。 主管著作权的部门依法行使前款规定的职权时,当事人应当予以协助、配合,不得拒绝、阻挠。	複製すること、違法行為の疑いがある場所や物品を差押えまたは押収することができる。 著作権主管部門が前項に規定する権限を法律に従って行使する場合、当事者は支援および協力を行い、それを拒否または妨害してはならない。
第五十六条　著作权人或者与著作权有关的权利人有证据证明他人正在实施或者即将实施侵犯其权利、妨碍其实现权利的行为,如不及时制止将会使其合法权益受到难以弥补的损害的,可以在起诉前依法向人民法院申请采取财产保全、责令作出一定行为或者禁止作出一定行为等措施。	第五十六条　著作権者又は著作隣接権者は、他人がその権利侵害行為を現に行っている、又はまさに行おうとしていること、権利の行使を妨害していることを立証できる証拠を有しており、これを直ちに制止しなければ、その合法的権益を補填しがたい損害を被るおそれがある場合は、提訴する前に法に基づき人民法院に財産の保全、特定行為措置、特定行為の禁止を請求することができる。

条	中文 2010 年著作権法	2010 年法日本語訳
		~~の規定を適用する。~~
57 条 (旧 51 条)	第五十一条 为制止侵权行为，在证据可能灭失或者以后难以取得的情况下，著作权人或者与著作权有关的权利人可以在起诉前向人民法院申请保全证据。 ~~人民法院接受申请后，必须在四十八小时内作出裁定；裁定采取保全措施的，应当立即开始执行。~~ ~~人民法院可以责令申请人提供担保，申请人不提供担保的，驳回申请。申请人在人民法院采取保全措施后十五日内不起诉的，人民法院应当解除保全措施。~~	第五十一条 侵害行為を制止するに際し、証拠が喪失するおそれがあり又はその後に入手することが困難な情況において、著作権者又は著作隣接権者は提訴する前に人民法院に証拠保全を請求することができる。 ~~人民法院は当該請求を受理した後、必ず48 時間以内に裁定を下さなければならない。当該裁定が保全を措置する場合は、直ちに執行を開始しなければならない。人民法院は申請人に担保の提供を命じることができる。申請人が担保を提供しないときは、当該請求を却下する。~~ ~~人民法院が証拠を保全した後 15 日以内に、申請人が訴えを提起しないときは、人民法院は当該保全を解除しなければならない。~~

中文 2020 年改正法	2020 年改正法日本語訳
第五十七条　为制止侵权行为，在证据可能灭失或者以后难以取得的情况下，著作权人或者与著作权有关的权利人可以在起诉前依法向人民法院申请保全证据。	第五十七条 侵害行為を制止するに際し、証拠が喪失するおそれがあり又はその後に入手することが困難な情況において、著作権者又は著作隣接権者は提訴する前に法に基づき人民法院に証拠保全を請求することができる。

条	中文 2010 年著作権法	2010 年法日本語訳
58 条（旧 52 条）	第五十二条 人民法院审理案件，对于侵犯著作权或者与著作权有关的权利的，可以没收违法所得、侵权复制品以及进行违法活动的财物。	第五十二条 人民法院は事件の審理において、著作権又は著作隣接権にかかる侵害に対して違法収入、権利侵害にかかる複製品及び違法活動に用いられた財物を没収することができる。
59 条（旧 53 条）	第五十三条 复制品的出版者、制作者不能证明其出版、制作有合法授权的，复制品的发行者或者**电影作品或者以类似摄制电影的方法创作的作品**、计算机软件、录音录像制品的复制品的出租者不能证明其发行、出租的复制品有合法来源的，应当承担法律责任。	第五十三条 複製品の出版者、製作者が、その出版、製作が合法的に授権されたものであることを証明できない、或いは複製品の発行者又は**映画著作物、映画の撮影製作に類する方法により創作された著作物**、コンピュータソフトウェア、レコード・録画物の複製品の貸与者がその発行、貸与した複製品の合法的な入手ルートを証明できない場合は、法的責任を負わなければならない。

中文 2020 年改正法	2020 年改正法日本語訳
第五十八条 人民法院审理案件，对于侵犯著作权或者与著作权有关的权利的，可以没收违法所得、侵权复制品以及进行违法活动的财物。	第五十八条 人民法院は事件の審理において、著作権又は著作隣接権にかかる侵害に対して、違法収入、権利侵害にかかる複製品及び違法活動に用いられた財物を没収することができる。
第五十九条 复制品的出版者、制作者不能证明其出版、制作有合法授权的,复制品的发行者或者视听作品、计算机软件、录音录像制品的复制品的出租者不能证明其发行、出租的复制品有合法来源的,应当承担法律责任。 在诉讼程序中，被诉侵权人主张其不承担侵权责任的，应当提供证据证明已经取得权利人的许可，或者具有本法规定的不经权利人许可而可以使用的情形。	第五十九条 複製品の出版者、製作者が、その出版、製作が合法的に授権されたものであることを証明できない、或いは複製品の発行者又は視聴覚著作物、コンピュータソフトウェア、レコード・録画物の複製品の貸与者がその発行、貸与した複製品の合法的な入手ルートを証明できない場合は、法的責任を負わなければならない。 訴訟手続きにおいて、権利侵害で訴えられた者が侵害責任を負わないと主張する場合は、既に権利者の許諾を得ていること、または本法に規定されている権利者の許諾なく利用できる情況に当たっていることを示す証拠を提出しなけ

条	中文 2010 年著作権法	2010 年法日本語訳
60 条（旧 55 条、旧 54 条は削除）	第五十五条 著作权纠纷可以调解，也可以根据当事人达成的书面仲裁协议或者著作权合同中的仲裁条款，向仲裁机构申请仲裁。 当事人没有书面仲裁协议，也没有在著作权合同中订立仲裁条款的，可以直接向人民法院起诉。	第五十五条 著作権紛争は調停を行うことができ、当事者間で締結した書面による仲裁合意又は著作権契約中の仲裁条項に基づき仲裁機構に仲裁を申し立てることもできる。 当事者が書面による仲裁合意を締結しておらず、著作権契約中に仲裁条項を定めていない場合は、直接人民法院に訴えを提起することができる。
61 条（新設、旧 56 条は削除）		

第六章　　附則

62 条（旧 57	**第五十七条** 本法所称的著作权即版权。	**第五十七条** 本法にいう著作権とは、即ち版権のことであ

中文2020年改正法	2020年改正法日本語訳
	ればならない。
第六十条 著作权纠纷可以调解，也可以根据当事人达成的书面仲裁协议或者著作权合同中的仲裁条款，向仲裁机构申请仲裁。 当事人没有书面仲裁协议，也没有在著作权合同中订立仲裁条款的，可以直接向人民法院起诉。	第六十条 著作権紛争は調停を行うことができ、当事者間で締結した書面による仲裁合意又は著作権契約中の仲裁条項に基づき仲裁機構に仲裁を申し立てることもできる。 当事者が書面による仲裁合意を締結しておらず、著作権契約中に仲裁条項を定めていない場合は、直接人民法院に訴えを提起することができる。
第六十一条 **当事人因不履行合同义务或者履行合同义务不符合约定而承担民事责任，以及当事人行使诉讼权利、申请保全等，适用有关法律的规定。**	**第六十一条 契約の不履行または履行が契約条件に反する当事者の民事責任、及び当事者の提訴権の行使、保全請求などについては、関連する法律が適用される。**
第六十二条 本法所称的著作权即版权。	**第六十二条** 本法にいう著作権とは、即ち版権のことである。

条	中文 2010 年著作権法	2010 年法日本語訳
条)		る。
63 条（旧 58 条）	**第五十八条** 本法第二条所称的出版，指作品的复制、发行。	**第五十八条** 本法第二条にいう出版とは著作物の複製及び発行をいう。
64 条（旧 59 条）	**第五十九条** 计算机软件、信息网络传播权的保护办法由国务院另行规定。	**第五十九条** コンピュータソフトウェア、情報ネットワーク伝達権の保護方法については国務院により別途規定される。
65 条（新設）		
66 条（旧 60 条）	第六十条_本法规定的著作权人和出版者、表演者、录音录像制作者、广播电台、电视台的权利，在本法施行之	第六十条 本法に規定される著作権者と出版者、実演家、レコード・録画物製作者、ラジオ局、テレビ局の権利で、本法施行日に未だ本法規定の保

中文2020年改正法	2020年改正法日本語訳
第六十三条 本法第二条所称的出版，指作品的复制、发行。	**第六十三条** 本法第二条にいう出版とは著作物の複製及び発行をいう。
第六十四条 计算机软件、信息网络传播权的保护办法由国务院另行规定。	第六十四条　コンピュータソフトウェア、情報ネットワーク伝達権の保護方法については国務院により別途規定される。
第六十五条　摄影作品，其发表权、本法第十条第一款第五项至第十七项规定的权利的保护期在2021年6月1日前已经届满，但依据本法第二十三条第一款的规定仍在保护期内的，不再保护。	第六十五条　写真の著作物の公表権および本法第十条一項五号乃至十七号に規定する権利の保護期間が、2021年6月1日に達するまでに満了している場合は、本法第二十三条一項に規定する保護期間内でも、保護されない。
第六十六条_本法规定的著作权人和出版者、表演者、录音录像制作者、广播电台、电视台的权利，在本法施行之	第六十六条 本法に規定される著作権者と出版者、実演家、レコード・録画物製作者、ラジオ局、テレビ局の権利で、本法施行日に未だ本法規定の保護期間が満了して

条	中文 2010 年著作権法	2010 年法日本語訳
	日尚未超过本法规定的保护期的，依照本法予以保护。 　本法施行前发生的侵权或者违约行为，依照侵权或者违约行为发生时的有关规定~~和政策~~处理。	護期間が満了していないものについては、本法による保護を受ける。 　本法施行前に発生した権利侵害又は契約違反行為は、権利侵害時又は違反行為の発生時の関連規定~~及び政策~~によって処理される。
67 条（旧 61 条）	第六十一条 本法自1991年6月1日起施行。	第六十一条 本法は、1991年6月1日より施行する。

中文 2020 年改正法	2020 年改正法日本語訳
日尚未超过本法规定的保护期的，依照本法予以保护。 本法施行前发生的侵权或者违约行为，依照侵权或者违约行为发生时的有关规定处理。	いないものについては、本法による保護を受ける。 本法施行前に発生した権利侵害又は契約違反行為は、権利侵害時又は違反行為の発生時の関連規定によって処理される。
第六十七条 本法自1991年6月1日起施行。	第六十七条　本法は、1991年6月1日より施行する。

解説：中国著作権法第3回改正について

<1>　第2回改正までの中国著作権法の歴史

<2>　10年をかけた第3回著作権法改正

<3>　第3回著作権法改正の特徴

<1>　第2回改正までの中国著作権法の歴史

中国は1990年9月7日に「中華人民共和国著作権法」を成立させ、1991年6月1日に施行し、1992年7月10日に世界知的所有権機関(WIPO)にベルヌ条約加入書を寄託、同年10月15日にベルヌ条約(パリ改正条約)締約国となった。

もともと共産主義国家である中国においては、クリエイターも国から給料を得ていたため、著作権に対する意識は、他の国とは違ったものであった。1979年1月1日にアメリカと正式に国交樹立した直後の1月末に鄧小平率いる代表団が訪米し、アメリカの視察とともに各種協議を行ったが、その際にアメリカ側から著作権問題を提起されたのが、中国における著作権法創設のきっかけとなった。この後、胡耀邦中央宣伝部長（当時）の指示により検討が開始され10年余を経て著作権法が成立した。独特の政治・社会システムと条約の求める保護のバランスに苦心しているが、ベルヌ条約の保護水準を必ずしも充たしていない部分も見受けられる。

第１回目の改正は、2001 年 10 月 27 日に成立し、即日施行された。これはWTO 加盟に際し、ＴＲＩＰＳ協定を充たす著作権法にするための改正であった。といっても、ＴＲＩＰＳ協定は、著作権に関しては基本的にベルヌ条約遵守を定めているだけ[1]なので、ここで改正をしたということは、1990 年成立の著作権法がベルヌ条約の水準に照らし不十分なところがあったことを示している[2]。中国は、同年 11 月 11 日に WTO に加盟受諾書を寄託し、12 月 11 日に加盟国となった。

皮肉なことに、中国著作権法第２回改正は、アメリカからの TRIPS 協定違反の WTO 提訴[3]によるパネル報告書に対応するためのものであった。アメリカは、2007 年４月に中国に対し、複数の知的財産関連措置に

---

[1]ただし、人格権の保護は義務にせず、貸与権の定めを置き、コンピュータプログラム及びデータの編集物の保護を確認的に明記。

[2]著作権関係の条約は違反に対する制裁措置は定めれていないが、TRIPS 協定では、紛争手続きが定められており、違反に対しては制裁を課すことも可能。このため、WTO 加盟の途上国の多くは、古くからの著作権法の改正を行った。なお、著作隣接権についてはローマ条約をベースとした規定が置かれているが、レコードの保護はローマ条約より厚く、放送機関の保護は義務にはなっていない。

[3]WTO 紛争解決手続きによる二国間協議要請

ついてWTO紛争手続きに基づき二国間協議の申し入れを中国に申し入れ、その後パネルが設置された。

著作権分野で問題にされたのは、第4条1文の「法によりその出版及び伝達が禁止されている著作物は、本法による保護を享受しない。」との規定である[4]。各国法による著作物等の出版禁止等と著作権の保護は別というのがベルヌ条約の基本的な解釈であり、パネルでもこの点がベルヌ条約違反と裁定された。アメリカ、中国共にパネル報告書を受け入れ、中国は2010年3月20日までに本条文を改めることに合意した。その結果、中国は2010年2月26日に法改正を成立させ、同年4月1日から施行された。4条は、「著作権を行使する著作権者は、憲法及び法律に違反してはならず、公共の利益を害してはならない。国は、法律に基づき、著作物の出版、伝達に対して監督管理を行う。」と改正された。なお、この第2回改正は、こ

---

[4]「法によりその出版及び伝達が禁止されている」というのは、必ずしも公序良俗に反するわいせつ図書などの発行停止のみを意味しているものではない。中国では、著作物等の発行や放送等については事前審査が義務づけられており、審査で許可を得るまでは発行や放送等は行なえない。表現の事前検閲が制度化されている。

の4条の改正の他には、質権設定の場合には質権設定登記を義務づける26条が新たに追加されただけであった。

しかし、2010年には中国においても、社会のデジタル化が進み、インターネットが社会の重要な伝達手段になっていた。日本においても、中国のインターネットにおける違法行為が大きく取り上げられるようになっていた。2011年の中国の著作権訴訟は3万件を超えており、その半数以上がインターネットに関係するものであった。このような状況から、2011年3月には温家宝首相（当時）が著作権法の改正作業の開始を指示し、同年7月第3回改正に向けての作業が国家版権局によりスタートした。

<2>　10年をかけた第3回著作権法改正

それまでの外部要因による改正とは違い、今回は中国の社会状況の変化に対応して法改正をするという能動的な改正であり、国家版権局は内部での検討のみならず、中国人民大学知識産権学院、中国社会科学院法学研究所知識産権センター、中南財経政法大学知識産権研究センターにも提案を求めた。3大学からの提案も受けた上で、改正草案第1稿が完成し、2012

年3月31日に公表、パブリックコメントに付された。その後、7月6日に改正草案第2稿が公表され、同月31日までパブリックコメントに付された。国家版権局は、パブリックコメントの結果を反映させて、10月30日第3稿を完成させ、それを改正草案審査申請稿として国務院法制弁公室に提出した。国務院法制弁公室は改正草案審査申請稿を2014年6月6日に公表して、パブリックコメントを行った。

この改正草案審査申請稿は、国務院法制弁公室から公表されたこともあり、改正がまもなく成立するのではないかと期待され、日本でもかなり紹介された（JETRO北京は翻訳をWebサイトに発表した)。審査申請稿では、2010年法からかなり大幅な改正が提示されており、デジタル・ネットワーク新時代に対応した新たな法システムを目指す一種の熱気が感じられた。具体的には、

① 「著作物」については2010年法では例示列挙のみであったが、「文学、芸術及び科学の分野で、独創性を備え、かつ一定の形式で固定された知的成果物」と一般的な定義を示した上で、 個別の著作物につ

き列挙し、なおかつそれぞれの著作物の定義を規定した。応用美術の著作物についても例示され、定義が規定されていた。

② 今までも、出版・実演・録音録画・放送は、著作物に対する著作権とは別に一定の権利が認められていたが、著作隣接権を明確に定義し保護を定めた。

③ 著作権、著作隣接権について無方式主義での保護を明示。

④ 保護の対象は表現であり、思想や原理などのアイディアには及ばないことを明示。

⑤ 著作権を、人格権と財産権に分けて表示。人格権の相続等について具体的な規定を創設。

⑥ 放送権に無線だけではなく有線による送信も含め、インターネットによるいわゆるストリーミング系（リニア）の送信も含んでいると読めるように規定。

⑦ 職務著作の著作権帰属は、原則として当事者の契約による。また法人が著作者として法定される例外に、新聞社・雑誌社・通信社・放送局

の従業員が報道のために創作した著作物が追加された（2010年法では、職務著作においても、原則は創作した者が著作者で、法人は優先的な使用権を有するとなっている）。

⑧ 制限は、スリーステップテストの範囲内であることを明示。

⑨ 職務実演の規定を創設。

⑩ 視聴覚著作物における実演についての規定を創設。

⑪ レコードの放送および演奏に対する報酬請求権を創設。

⑫ 放送の定義を創設。

⑬ コンピュータプログラムについての詳細な制限規定を創設。

⑭ 追及権の規定を創設（実現すればアジアで初めて）。

⑮ 集中管理体制の確立・強化のための諸規定の創設。拡大集中管理を含む。

⑯ 技術的保護手段及び権利管理情報の保護規定の創設。

等々である。

この改正草案審査申請稿をベースに、活発な議論が行われ法改正が行われることが期待された。しかし、この後議論は進まず、停滞したままになってしまった。

中国政界においては、2012年11月の第18回党大会で胡錦濤・温家宝が引退し、習近平が党中央委総書記になった。習近平は、翌2013年3月の全人代で国家主席にも選出され、李克強を首相に任命した。2014年には党中央国家安全委員会を立ち上げ自らその委員会の主席となり権力を集中させた。2017年の第19回党大会で中央委総書記に再選、翌2018年3月の全人代では、国家主席及び副主席の任期制限を撤廃する憲法改正をさせた上で、国家主席に再選された。同年4月16日に、国家版権局は共産党中央宣伝部帰属となった。

習近平の前体制の指導者温家宝の指示でスタートした著作権法改正の動きは、2014年の改正草案審査申請稿の段階で一度停滞した。習近平が2期目の再選を果たした2018年後半になり、国家版権局と著作権業界、学者の議論が活発になり、審査申請稿の修正版を作成すべく、改正作業があらためて進み始めた。この段階では、2010 年法の大幅な改正案になっていた審査申請稿はかなり後退し、条約との整合を始めとする国際的な調和については注意を払いつつも法システムとしての改革は限られたものになっていった。

2020 年 4 月 26 日にあらためて改正草案修正版が公表され、6 月 13 日までパブリックコメントが募集された。同年 8 月 17 日に第二次改正草案審査申請稿が公表され、9 月 30 日締め切りでパブリックコメントが行われた。その結果を受け、著作権法第 3 回改正が 2020 年 11 月 11 日に全人代常務委員会で成立し、2021 年 6 月 1 日から施行されることとなった。

<3>第 3 回著作権法改正の特徴

○2020 年法の特徴

今回の第 3 回改正著作権法（以下、新法）は、2010 年法（以下、旧法）から大きな構造的な変化は見られないが、現代に対応した工夫や変更はある程度見られる。特徴的な部分、2018 年以降の最後の詰めの検討で話題になった部分の幾つかについて簡単に紹介する。

（i） まず全体を通して見られるのは、条約対応に配慮が見られる点である。中国は視聴覚実演保護の条約のための外交会議のホスト国となり、2012 年 6 月に北京で外交会議を開催し、成立した条約は、視聴覚実演に関する北京条約（以下、北京条約）と名付けられた。ベルヌ条約には 1992 年に加盟しているが、WCT（著作権に関する世界知的所有権機関条約）と WPPT（実演及びレコードに関する世界知的所有権機関条約）加盟は 2007 年である。両条約はデジタル時代のインターネット対応のために作られたという意味で、その後に成立した北京条約と共に WIPO インターネット条約と通称されている。中国の両条約加入は 2007 年であるが、2001 年の第 1 回法改正でインターネットに対応する権利として、情報ネットワーク伝達権を創設し、「有線または無線方式により、公衆が個別に選択した時間、場所においてアクセスできるように公衆に著作物を提供する権利」と規定した。この規定は、利用可能化を定めたWCT、WPPTの中国語[5]と基本的に同じ表現の条文になっている。この条文表現は、今回の新法においても基本的には維持されている。利用可能化に関する権利については早くに導入していたが、WCTのいわゆる公衆送信権や両条約に共通する技術的保護手段及び権利管理情報の保護は、WCT・WPPT加盟後に成立した旧法でも導入されていなかったのを、今回対応した。これらは、北京条約でも定められており、北京条約のホスト国としてWIPOインターネット条約との整合を取ったと考えられる。マラケシュ条約（盲人、視覚障害者その他の印刷物の判読に障害のある者が発行された著作物を利用する機会を促進するためのマラケシュ条約）には未加盟であるが、こちらに対しても最低限の手当はしている。

いわゆる公衆送信権対応に関しては、必ずしも条約対応という事だけでなく、スマートフォンが広く普及し情報取得手段の中心がインター

[5]WCT, WPPTでは、英語、アラビア語、フランス語、ロシア語及びスペイン語と並んで中国語が等しく正文とされている。

ネットになっている中国社会においては、明確に公衆送信権を定めて、インターネット上の不法な著作物送信に法的対応がしやすくなるようにすることが求められていた状況がある。情報ネットワーク伝達権は、「公衆が個別に選択した時間」[6]とされているところから、オンデマンド型の送信が出来る様にアップロードする権利と一般的に解釈されている[7]。サイマルキャスティングやウェブキャスティング（インターネット放送）などのインターネットによるストリーミング=リニアな送信が普通に行われている近年、こうしたリニア型送信における著作物への不法利用が横行し対応に苦慮していた。新法では、放送権は「有線又は無線方式によって著作物を公衆に伝達又は再送信し、及び拡声器又はその他の信号・音声・画像を伝送する類似の機器を通して放送された著作物を公衆に伝達する権利。ただし、本条12号で規定さ

---

[6] 新法では、「公衆が自ら選択した時間」

[7]オンデマンド型配信においてアップロードした後の送信及びダウンロードにまで情報ネットワーク送信権が及ぶか否かについては、中国国内で意見が分かれており、送信にまで権利が及ぶとの判決もある。但し、リニア型送信に権利が及ぶとの解釈はない。

れている権利は含まない。」と定められた。「有線又は無線により公衆に伝達」と無線のみならず有線を含めることにより、インターネットでの送信も含む事を明確にしている。情報ネットワーク伝達権は除外されているため、オンデマンド型の送信におけるアップロードの権利は除かれている。新法の放送権は、日本の公衆送信と公の伝達を足したものになっている。日本の著作権法23条の権利とほぼ同じであるが、日本法では公衆送信権の中に送信可能化権を含むとしているが、中国の新法では放送権と情報ネットワーク伝達権を明確に分けておりその点は違っている。

レコードについては、放送及び公の伝達に対しレコード製作者に報酬請求権が与えられた。

また、制限規定全体にスリーステップテストが導入された。新法では24条に、制限規定が列挙されているが、「著作物の通常の使用を妨げず、著作権者の正当な利益を不当に害してはならない。」と定めている。スリーステップテストでは、制限は「特別の場合」に限定されているが、各号で具体的に制限が認められる場合は定められているので、この条件はそこで満たされている。なお、教科書での著作物使用に関しては、25条で独立して定められており、こちらにはスリーステップテストはかかっていないが、報酬の支払いが出所明示とともに義務化されており、一種の報酬請求権となっている。

（ii）著作物については、旧法ではベルヌ条約の書き方に倣って例示列挙になっている。新法では、「文学、美術及び科学の分野であり、独創性を備え、かつ一定の形式で表現可能な知的成果物を指し、以下のものを含む」と著作物の一般的な定義を置いた。2014年の改正草案審査申請稿では、固定の要件が課されていたが、最終的に新法では固定の要件はなくなっている。これに関しては、旧法の「映画著作物及び映画製作に類する方法により創作された著作物」を、「視聴覚著作物」に変更したことと併せて、CCTV（中国中央電視台）によるスポーツの生中継番組等の生番組を著作物として保護すべきとの強い主張が影響した部分があると考えられる。CCTVは、国営中央放送であり唯一全国放送を行っている。空中波や有線で複数のチャンネル放送を行っているだけではなく、早くからサイマルキャスティングを始めとするインターネット送信も行っている。旧法の下では明確な公衆送信権が認められていなかったこともあり、CCTVは生番組とりわけスポーツ中継の海賊行為に苦しんでいた。2010年代からCCTVは、創作性のある生番組について著作物として扱うことを強く主張して来た。特に2018年後半以降著作権法改正作業が活発になると、その主張を強めた。改正法では、著作物の定義から固定の要件は払拭されている。個別の著作物についての定義は、著作権法施行条例によって定められているが、新法の6月1日施行を受けて施行条例の個別の著作物についての定義も改正が行われる見込みである。

(iii) 旧法になかった規定としては、職務実演の規定が設けられた。実演家は、実演事業体（演出単位）の業務として行った実演については氏名表示権と同一保持権を有するが、他の権利については当事者の契約によるとされ、契約により定めが明確でない場合には実演事業体がそれらの権利を有することになっている。北京条約においては、実演家の氏名表示権と同一性保持権が人格権として付与されるとともに、12条で視聴覚固定物における実演について製作者への移転が定められたため、これに対応するための規定と思われる。ただ、実演事業体が何を指すのかが明確でなく、今後の著作権法施行条例改定や判決による解釈によってどのような範囲が示されるかが注目される。

なお、職務著作は従来から規定されていたが、今回、「新聞社、定期刊行物社、通信社、ラジオ局、テレビ局の従業員が制作した職務著作物」については、著作者は氏名表示権を享有するのみで、法人等は褒賞を与えることができるとの規定が追加された。法人等の責任のもとにそのリソースを利用して創作された著作物やコンピュータソフトウェア等については同様のことは定められていたが、今回マスメディアの従業員が創作した著作物にもこれが当てはめられた。中国の政治体制が反映されたものと考えられる。

（iv）今回の法改正の中で、実務的に大きな意味を持つのは執行や訴訟に関する規定である。行政当局は、著作権侵害の疑いがある場合、調査、尋問、関係書類の押収その他差押えができることを新たに規定した。また、侵害事件における民事訴訟においては、侵害が故意で重大である場合には、5倍までの懲罰的賠償が認められた。さらに、損害賠償額の確定のために、侵害が明確な場合には、裁判所は主要な書類の提出を命じることができ、侵害複製物やその製造に使用された設備等の破棄も命ずることができると明示され、権利侵害訴訟においては、挙証責任は侵害を疑われるものが負うと定められた。

ここ数年、中国政府は著作権侵害対策にきわめて熱心に取り組んでおり、侵害撲滅に向けて、侵害対応において権利者側に有利な法改正となっている。

○ 2014年改正草案審査申請稿からの後退

2014年改正草案審査申請稿は、旧法に比較して相当に大きな変革を企図するものになっていた。

新法と改正草案審査申請稿との最も大きな相違は、集中管理制度に関するものである。審査申請稿では、第5章「権利の行使」の第2節に著作権集団管理の節を新設し7　カ条を設けていた。2014年には、インターネットによる情報流通が主流になってきており、大量の著作物及び著作隣接権の対象物がインターネット上で使用される状況に対応するため、集中管理体制を確立し、多くの場面において実質的に報酬請求権化する形で、合法的に著作物等を利用し、権利者に報酬が配分されるシステムを構想していた。その基本的な構想のもとに、集中管理団体による拡大集中管理も予定されていた（オプトアウトは認められていた)。

しかし、中国における集中管理は未だ緒についたところであり、最も進んでいると思われる音楽分野においても、当該分野で政府に認められた唯一の集中管理団体である中国音楽著作権協会（MCSC）の徴収額は、市場全体の50%に達しているかどうかといったところである。こうした状態で、審査申請稿の構想する集中管理団体による管理体制を実現する事は極めて困難であり、現実性にかける問題があり、結局この構想は見送られた。アジアで最初に実現するかと思われた追及権についても、集中管理団体による報酬の徴収及び分配を予定していたこともあり、新法には取り入れられなかった。

権利制限について、スリーステップテストは新法でも導入されたが、コンピュータプログラムに関する詳細な制限規定は見送られている。

権利について、審査申請稿では人格権と財産権を明確に分けて規定していたが、新法では旧法と同様にその明確な区分はしていない。また、個別の著作物についての定義規定は結局新法には盛り込まれなかった。

後書き

翻訳は、それぞれの言語の背景にある社会のシステムや伝統、習慣があるため、元の文章の意味を正確に伝えることは至難である。実際には不可能といって間違いないと思われる。

法律も、それぞれの国の法制度があり、その全体の中でバランスを取り、意味を有している。また、その国の背景となっている社会のあり方で同様な言葉に置き換えても決して同じ意味にはならない。中国と日本は、元は同じ漢字を使っていた部分はあるが、現在同じ漢字でも意味するものが違うものは多いし、ニュアンスまで同じものは殆どない。むしろ、同じ漢字に訳すしかないケースの方が、微妙な意味のずれがでて却って難しい。そういうことも勘案して、本書では中日の対訳表の形にした。さらに、2010 年法との違いが分かりやすいように、見開きで対応する 2010 年法を掲載している。

また中国著作権法の歴史は意外と知られていないので解説で簡単に紹介した。著作権、著作隣接権に関係している方々の参考になれば幸いである。

翻訳に当たっては、JETRO 北京事務所の翻訳を参考にし、中国の弁護士である馬鉄氏の全面的な協力を得て行った。また、朱根全氏に情報協力して頂いた。最後になったが、これらの方々に感謝申し上げる。

上原伸一

著者：上原伸一

東京大学文学部社会学科卒業。元朝日放送著作権部長。1997 年から WIPO 世界知的所有権機関）での放送条約策定議論に参加。1999 年から 2010 年まで文化審議会著作権分科会専門委員。2006 年から国士舘大学大学院総合知的財産法学研究科客員教授。2021 年からデジタルハリウッド大学特命教授。
主著に『クリエイトする人たちのための基本からの著作権』（商事法務）、『日常でコンテンツを扱う際の著作権　入門・初級編<第 2 版>』（あみのさん）、『海の楽園パラオ~非核憲法の国は今』（あみのさん）など。

翻訳協力：馬　鉄

中華人民共和国弁護士、2019 年から中国音楽著作権協会法務部副部長

レイアウトデザイン：キャッツデザイン

中国著作権法第三次改正　中日対訳検討表

（2020 年 11 月 11 日公布／2021 年 6 月 1 日施行）

2021 年 6 月 25 日　初版第 1 刷発行
発行者　上原伸一
発行所　あみのさん
〒143－0016　東京都大田区大森北 2－12－8－606
電話　03－3768－9514
FAX　03－3768－9514
振替　00110－5－51926
印刷所　ちょ古っ都製本工房

Printed in Japan　ISBN　978-4-900585-06-5